Er konnte nicht sagen, ob es das Aroma des Tees war,

ein Hauch von Jasmin, oder der Duft dieser Frau, verlockend wie eine

neu entdeckte Blüte, vielleicht eine Mischung aus beiden.

Plötzlich wünschte er nichts mehr, als dass sie ihn bitten würde zu bleiben.

SIGRID KREKEL

UMSCHAU

6

Seit Jahrhunderten beflügelt Tee den menschlichen Geist. Ein guter Tee lässt uns den Lärm und die Eile der Welt vergessen. Kein anderes Getränk bietet dem Genießer zu jeder Zeit genau das, was ihm am besten tut. Tee beruhigt oder belebt, man kann ihn in Gesellschaft und ohne genießen, in dunklen wie in hellen Stunden, und gesund ist er auch.

Doch Tee ist mehr als eine Frage der Gesundheit. Teegenuss ist Lebensart, für die einen mit hohem Wohlfühlfaktor, für andere ein Ruhe-Elixier, für manche ein lebenslanger spiritueller Weg. Dem Tee gelingt etwas, das selbst das berauschendste Getränk der Welt nicht schafft – er macht unser Leben sanfter und für den schönen Moment ruhig und klar. Wo immer der Tee in den vergangenen Jahrhunderten neue Kontinente eroberte, brachte er die Menschen dazu, seinen Genuss zu kultivieren. Was zu Beginn in Europa vor allem in Teegärten und Teehäusern stilvoll zelebriert wurde, findet sich heute bei Liebhabern im Privaten ebenso wie in der internationalen Spitzengastronomie. Statt des Weinkellners tritt der Teamaster an den Tisch, statt der Weinkarte wird eine erlesene Teekarte gereicht. Längst ist es nicht mehr ungewöhnlich, ein exklusives Gericht zusammen mit einer Tasse edelstem Gyokuro zu genießen. In vielen Ländern macht Tee zunehmend selbst modernen Kaffeekreationen Konkurrenz.

Wer einmal in den Genuss eines wunderbaren Schlückchens feinen Tees gekommen ist, wer einmal spüren durfte, welcher Zauber von einer Teezeremonie ausgeht, der weiß um das besondere Flair des Tees. Nennen Sie es Magie, sagen Sie Philosophie, sicher ist: Über Tee lässt sich viel erzählen.

Nehmen Sie sich also eine kleine Auszeit, genießen Sie einen Tee. Kommen Sie mit auf eine Reise durch seine faszinierende Welt. Sie werden Neues entdecken, Praktisches lesen und erfahren, worauf es vom Anbau bis zur Auswahl des Geschirrs ankommt. Was unterscheidet die einzelnen Teesorten? Welche Qualitätsunterschiede gibt es? Was muss ein exzellenter Teamaster können? Und welcher Tee passt zu welcher Gelegenheit? Antworten auf diese und viele andere Fragen finden Sie in diesem Buch.

LEGENDÄR ZU NEUER LEBENSART

Sagenhafte Geschichten beginnen märchenhaft. Über den Tee erzählt man sich viele dieser Geschichten. Es sind Legenden, Dichtungen und Mythen, in Schriften oder mündlich überliefert. Nicht alles lässt sich faktisch belegen und doch sind diese Geschichten wie eine gute Tasse Tee: zum Wohlfühlen schön. Da trägt der Wind feinste Blätter von einem wilden Teestrauch in eine göttlich-kaiserliche Trinkschale frisch gekochten Wassers. Da schneiden zarte Jungfrauen mit goldenen Scheren silberglänzende Teespitzen, in jedem Jahr nur ein einziges Mal, an zwei besonderen Tagen, und nur der Kaiser darf sie kosten. Ein frühes Teebuch, heißt es, sei Bietern 1000 Pferde wert gewesen. Eine buddhistische Legende malt das Bild vom Bodhidhama, der nach langer Meditation gegen seinen Willen eingeschlafen war und sich, als er erwachte, wütend über seinen Schlaf die Augenlider abriss und von sich schleuderte. Dort, wo sie den Boden berührten, wuchsen zwei Teesträucher, angefüllt mit der Kraft allumfassender Wachheit des Geistes. In einer anderen Version der Legende sind es die zarten Wimpern des schönen indischen Prinzen Siddharta selbst gewesen, der das Erwachen (Bodhi) erlangte und als Buddha die Lehre (Dharma) des Buddhismus begründete. Es sind Geschichten wie diese, die den Zauber des Tees aus alter Zeit in die Moderne tragen.

Die Faszination des Tees begann vor rund 5000 Jahren in China. Bis heute ist das Land einer der größten Teeproduzenten weltweit, doch schon lange nicht mehr der einzige. Auf China folgte der Teeanbau in Japan, später in Indien, Sri Lanka, Afrika, Indonesien und Südamerika. Auch in Vietnam und Argentinien, der Türkei, im Iran und im Kaukasus wird Tee angebaut, selbst auf den portugiesischen Azoren und in Süd-England wird er kultiviert, wenngleich in sehr geringen Mengen. Was alle Anbauländer eint, sind ganz besondere klimatische Verhältnisse. Der Teestrauch gedeiht nur in ausgesuchter Lage. Beste Sonneneinstrahlung, wohl dosiert zur richtigen Zeit, viel Wärme, Temperaturwechsel zwischen Tagen und Nächten, Nebel, Regen und hohe Luftfeuchtigkeit, ein entsprechender Boden, doch bitte ohne Staunässe, am besten in schönster Hochlage – tropisch exklusiv, damit die Blätter des Teestrauchs langsam wachsen und er all seine hervorragenden Inhaltsstoffe aufs Feinste entfalten kann.

So verlockend es dem Gartenfreund auch sein mag, so müßig wäre es beispielsweise in Schleswig-Holstein oder auf einer spitzbergischen Insel die Anlage eines Teegartens zu versuchen. Fern des Ursprungs ist man auf ausgesuchte Warenlieferungen angewiesen. Dass Tee nicht gleich Tee ist, merkt jeder schnell, der sich nur ein wenig für ihn interessiert. Dass Tee weit weg von seinen Anbaugebieten überall genossen werden kann, sehen wir heute in unterschiedlichsten Kulturen. Vielerorts ist Tee ein Sinnbild für Gastfreundschaft, in Russland, der Türkei oder Asien wie in Großbritannien, im Wüstensand wie am Küstenstrand, und, wenn man Glück hat, auch in Zügen oder auf interkontinentalen Flügen. Teezubereitung und Teegenuss werden zunehmend inszeniert, in den eigenen vier Wänden ebenso wie als High Tea in Gastronomie und Hotellerie. Doch auch hier gilt leider noch allzu oft: wenn man Glück hat.

Den Tee am frühen Morgen lauwarm in einer nach Kaffee riechenden Thermoskanne serviert zu bekommen, kann einen Teeliebhaber bis in die Nachtstunden hinein deprimieren und das Haus einen potenziellen Stammgast kosten. Teekenner sind sachlich bedingt empfindlich, wenn einer die Basis der edlen Kunst unachtsam behandelt. Zu Recht: Wer lose Blatttees ins Herz geschlossen hat, dem bleibt nichts anderes, als deren beengte Gefangenschaft in Teeeiern zu beweinen. Auch ein gut gemeinter loser Rooibos durchs großlöcherige Sieb serviert, wird dem dankbarsten Gast Unmutsfurchen in die Stirn treiben.

Teegenuss ist eben auch Liebe zum Detail. Wer einen Tee bestellt und sich auskennt, schmeckt Güte und Ziehzeit heraus. Teeliebhaber schätzen es auf Reisen, wenn sie sich im Hotel den auserwählten Tee selbst aufbrühen können, weil sie wissen, wie empfindlich gerade feinere Teesorten auf zu lange Ziehzeiten reagieren. Gemeinhin legen sie auch Wert auf das passende feine Geschirr. Steht dann noch ein kleiner Teatimer auf dem Frühstückstisch, lächelt der Teefreund dem beginnenden Tag hoffnungsfroh entgegen. Keinesfalls sollte man ihn als Servicekraft mit einem staubigen, lieblos aufs schnöde Teeglas geworfenen Beutelchen erschrecken.

Unter Freunden ist man meist nicht so streng, doch kann es auch im Privaten passieren, dass einer weitere Einladungen konsequent ausschlägt, nachdem er sich genötigt sah, einen Tee zu konsumieren, der offenbar lange Zeit undicht verschlossen zwischen Gewürzen, Kaffee und Kräutern seine Lagerstatt fand. Viel Schlechtes kann dem Tee widerfahren. Doch immer mehr Menschen wissen ihn zu schätzen und auch, ihn richtig zu behandeln.

VOM COFFEE TO GO ZUM TEA FOR ME

Rund um den Globus als zweithäufigstes Getränk gleich nach Wasser konsumiert, bietet Tee heute ein faszinierendes Spektrum an Genussmöglichkeiten – in purer Form oder vielfach variiert, heiß und eisgekühlt. Je älter die Geschichte des Teestrauchs, desto jünger werden seine Liebhaber. Tee ist Trend, befördert durch moderne Rezepturen und ansprechende Verpackungen. Doch ist es das alleine? Hat Tee nicht vielmehr mancherorts bloß ein bisschen wie Dornröschen ausgeruht? Abgewartet, bis man sich wieder seiner Schönheit und Güte erinnert? Ganz nach dem Motto: ohne Prinzen und Prinzessinnen kein fürstliches Getränk. Offenbar haben ihn viele wachgeküsst. Sehr junge Entdecker und Genießerinnen finden sich heute genauso wie reifere und erfahrene Teekenner. Tee gehört auch dort wieder zur Lebensart, wo er in der jünge-

ren Vergangenheit fast in Vergessenheit geraten war. Man trifft ihn am Nachmittag in internationalen Szene-Treffs, über den Tag gut sortiert in der ihn wertschätzenden Gastronomie oder zelebriert ihn in der eleganten Lounge und im schicken Spa. Beim Geschäftsessen am Mittag sorgt er für klare Gedanken, technikaffine empfängt er im Netz und begleitet sie als App auf dem Smartphone. Tee wird mehr und mehr zum kongenialen Fitness-Coach und vertrauensvollen Psychoanalytiker, zum sanften Märchenerzähler zur Nacht und regen Muntermacher am Morgen. Ein wunderbarer Begleiter für den modernen Menschen durch seine Zeit.

TEE TRINKEN IST ZEITGEWINN

Zeit = t: Physikalische Größe; Fortschreiten der Gegenwart zwischen Vergangenheit und Zukunft; reine Anschauungsform (Kant).

Teeliebhaber haben ein besonderes Verhältnis zur Zeit. Fast scheint es, als hätten sie ein Quäntchen mehr davon mitbekommen, um es ausgiebig zum Genuss ihres Tees nutzen zu können. Wahrscheinlicher ist jedoch, dass die Beschäftigung mit Tee die Zeit bis zum Stillstand verlangsamen kann, um sie in der Folge aufs Angenehmste zu beschleunigen. Du sitzt, trinkst Tee, genießt, die Gedanken fließen, Kraft kommt, neue Ideen, Lösungen, du stehst auf, machst dich ans Tagwerk und alles geht leichter, schneller, besser. Teeneulinge, die den Teegenuss für sich entdecken, erleben diese Zeitqualität bald wie eine einladend geöffnete Tür im stetig kreisenden Hamsterrad ihrer täglichen Aufgaben. Ehemals Gestresste lehnen entspannt im Sessel, Getriebene halten ein und erkennen, was routinierte Teetrinker schon lange wissen – in Ruhe kommt man schneller zum Ziel. Es stimmt: Das Zubereiten eines Tees braucht Zeit, sein Genuss bedarf Zeit. Doch es ist falsch zu meinen, der Tee raube uns Zeit. Vielmehr bringt er uns dazu, eine Zeit gemeinsam mit dem Menschen zu verbringen, der uns am vertrautesten ist. Dem Tee Zeit zu widmen bedeutet, für eine Weile bei sich selbst anzukommen. Es bedeutet auch, seinen Gästen Gutes zu tun. Wenn wir auch nicht immer frei über unsere Zeit verfügen können, so bietet doch jeder Tag den meisten von uns Gelegenheiten, sich selbst und anderen sehr bewusst kleine Zeiten zum Genießen zu schenken.

EINE MENGE TEE

2011 betrug die weltweite Teeproduktion mehr als 4,2 Millionen Tonnen. Gut 40 Prozent davon wurden von den Anbauländern exportiert. Circa 1,7 Millionen Tonnen Tee gingen so auf weite Reisen.

Quelle: Deutscher Teeverband Hamburg, 2011

DAS WICHTIGSTE AUF EINEN BLICK

Der erste Tee wurde bereits vor rund 5000 Jahren in China kultiviert. 552 n. Chr. brachten buddhistische Mönche ihn von China nach Japan. Erst 1610 erreichte er über Amsterdam Europa.

Lange Zeit war Tee ein sehr teures Gut, das nur bessergestellten Kreisen der Gesellschaft vorbehalten war.

Heute ist Tee weltweit nach Wasser das meist konsumierte Getränk. Tee entwickelt sich immer stärker zum modernen Lifestyle-Getränk.

Es gibt nicht „den" Teetrinker. Liebhaber finden sich in jedem Alter durch alle Kulturen überall auf der Welt.

Die sechs Haupterzeugerländer von Tee sind China, Indien, Kenia, Sri Lanka, Japan und Indonesien.

Die Weltteeproduktion lag 2011 bei 4,2 Millionen Tonnen. 2,5 Millionen Tonnen Tee wurden in den Erzeugerländern selbst verbraucht; 1,7 Millionen Tonnen gingen in den Export. Deutschland importierte 53768 Tonnen, davon verblieben 26572 im eigenen Land.

DER TEESTRAUCH –
KÖNIGLICH UNTER KAMELIEN

Der Ursprung aller grünen und schwarzen Teesorten ist der Teestrauch, eine Pflanze mit ganzjährig sattgrün glänzenden und gezahnten Blättern, denen ihre Verwandtschaft zu den herrlich blühenden Kamelien anzusehen ist. Der Teestrauch mit dem botanischen Namen Camellia sinensis kommt ursprünglich in zwei Varianten vor. Die chinesische Gattung Camellia sinensis und die aus Indien stammende Camellia assamica, die vornehmlich in Assam und auf Sri Lanka wächst. Die Stammpflanzen wurden vielfach miteinander gekreuzt, um ihre jeweiligen Eigenschaften so gut wie möglich nutzen zu können, denn: Beide Teesträucher unterscheiden sich in mancherlei Hinsicht voneinander. Zwar mögen sowohl Camellia sinensis als auch Camellia assamica tropisches und subtropisches Klima sowie Höhenlagen bis 2500 Meter, ihre natürliche Wuchshöhe beispielsweise, ihre Kälteempfindlichkeit, die Blattgrößen und die Blattqualitäten wie auch der Geschmack sind jedoch sehr verschieden. So sind die Blätter der chinesischen Gattung, die man auch China-Strauch nennt, um einiges kleiner und zarter als die des Assamicas. Unbeschnitten kann die widerstandsfähige und etwas frostverträglichere chinesische Variante eine Höhe von bis zu sechs Metern erreichen, während der sehr wärmeliebende Assam-Strauch bis zu 20 Meter hoch werden kann.

Die Teesträucher werden über Stecklinge herangezogen. Erste Ernten der Teeblätter erfolgen nach drei bis fünf Jahren. Bis dahin dürfen die jungen Pflanzen blühen und fruchten. Zum Ende der Pflückzeit schneidet man sie auf eine Höhe von zirka 80 Zentimetern zurück, damit sie buschig bleiben und gut gepflückt werden können. Durch regelmäßiges Stutzen hindert man die Teesträucher nun auch am Blühen, damit der Strauch weiter blättertragende Äste ausbildet. Ein Teestrauch kann über einhundert Jahre alt werden. Er entwickelt lange Pfahlwurzeln, die bis zu sechs Meter tief in den Boden dringen. Dieser muss nährstoffreich, sauer und durchlässig sein, damit sich kei-

TWO LEAVES AND ONE BUD

Für Spitzentees werden bei Ernten nur die jüngsten beiden Blätter und eine zarte Knospe von den Teesträuchern gepflückt und auch nur so viele, dass die Pflanze nicht zu sehr geschwächt wird. Meist sind es Frauen, die diese Arbeit in den Teegärten sehr erfahren und mit großer Sorgfalt übernehmen, denn die Qualität des Tees hängt nicht zuletzt auch davon ab, wie gut und gleichmäßig das Pflückgut ausfällt. Aufgabe der Männer ist es, die Teegärten zu pflegen. Sie reißen alte Teebüsche heraus, pflanzen neue, schneiden sie zurück und arbeiten in der Teefabrik.

ne Staunässe bildet, die der Teestrauch nicht verträgt. Vier bis sechs Stunden Sonne täglich und gleichmäßig verteilte Regenfälle bieten ihm gute Wachstumsbedingungen. Tee kann in Ebenen wachsen, wird jedoch meist in hohen Lagen angebaut, weil die klimatischen Verhältnisse an Berghängen ideal für ihn sind. Die Temperaturen fallen zur Nacht stärker ab, die Teesträucher wachsen so etwas langsamer und haben mehr Zeit, besonders feine und aromatische Blätter auszubilden.

DIE ECHTEN VON SCHWARZ BIS WEISS

Der Teestrauch bildet die Basis für verschiedene Teeklassen, die unterschiedlich verarbeitet werden und so ihre ganz spezielle Farbe und eine schier unerschöpfliche Vielfalt an Aromen und Geschmack entwickeln.

SCHWARZER TEE

Schwarze Tees sind sogenannte fermentierte Tees, leicht zu erkennen an ihrer dunklen Tassenfarbe. Bei der Fermentation, die genau genommen ein Oxidationsprozess ist, werden in den Teeblättern enthaltene Gerbstoffteile umgewandelt und ätherische Öle freigesetzt. Die Blätter färben sich kupferrot, das typische Teearoma entsteht. Durch die anschließende Trocknung werden die Blätter noch dunkler.

GRÜNER TEE

Die Blätter für grüne Tees durchlaufen keinen Fermentationsprozess. Im Gegenteil – hier ist es wichtig, die natürliche Oxidation zu verhindern, damit der Tee seine grüne Farbe behält; dazu werden die Enzyme inaktiviert. China und Japan haben jeweils eigene Verarbeitungsmethoden entwickelt. In China werden die frischen Teeblätter in großen und sehr heißen Woks für etwa 30 Sekunden unter ständigem Wenden erhitzt. In Japan werden die Teeblätter in großen Trommeln in zirka 100 °C heißem Dampf gedämpft, um die Enzyme zu inaktivieren. Dieser Vorgang, der mittlerweile auch für einige Grüntees in anderen Anbaugebieten eingesetzt wird, dauert nicht länger als zwei Minuten.

TEE, CHA UND CHAI

Das Wort „Tee", ursprünglich „Thee", ist abgeleitet vom südchinesischen Amoy-Dialekt „te". „Cha" ist Mandarin, das hochchinesische Wort für Tee. „Chai" oder „Çay" heißt es in Indien, im arabischen Raum und in der Türkei.

OOLONG

Der Oolong ist ein teilfermentierter Tee. Damit das gelingt, bricht man bei der Herstellung nur die äußeren Zellen am Blattrand auf. Zuvor jedoch welken die Teeblätter ganz natürlich in der Sonne, bevor sie dann zum Aufbrechen der Blattzellen in großen Bastrollen gedreht werden. Das Ganze geschieht sehr sorgsam, und je nach Oxidationsgrad, der die Farbe und den Geschmack des Oolongs bestimmt, entstehen so grün oder schwarz ausgearbeitete Oolong-Tees.

ROTER TEE

Er ist als PuErh-Tee bekannt geworden. Der Name geht auf die Stadt Pu'er in der chinesischen Provinz Yunnan zurück. Für den Roten Tee wird grüner Tee durch langes Nachreifen und Fermentieren veredelt. In seiner ursprünglichen Verarbeitung wurden die nicht fermentierten Teeblätter gedämpft und gepresst und dann über Jahre zum

Trocknen und Reifen gelagert, bis der Tee seine rote Farbe und seinen kräftigen, erdigen Geschmack entwickelt hat. Mittlerweile wird der Prozess künstlich beschleunigt, sodass der Tee sehr viel schneller verfügbar ist.

WEISSER TEE

Die frisch gepflückten Teeblätter, aus denen schließlich der Weiße Tee entsteht, werden 36 Stunden geschützt in der Sonne gewelkt und anschließend 36 Stunden kontrolliert getrocknet. An den Stellen, an denen sie zufällig gebrochen sind, können sie so auf natürliche Weise fermentieren. Ausschließlich Spitzentees werden für diese Art der Verarbeitung verwendet.

ORTHODOXE HERSTELLUNG DES SCHWARZEN TEES

Viele Teeliebhaber legen bei der Auswahl ihres Tees sehr großen Wert darauf, dass dieser auf orthodoxe Weise verarbeitet wurde. Die Orthodoxe Herstellung ist die ursprüngliche, schonende Variante, eine bedachtsame und sorgfältige Handarbeit, deren einzelne Produktionsschritte von erfahrenen Teespezialisten begleitet werden und die sich lohnt – die besten Teequalitäten wie ausgesuchte Blatttees sind nur orthodox zu erzielen. Dieses Verfahren ist aufwändiger und sehr viel zeitintensiver, als die Crushing-Tearing-Curling-Methode, kurz CTC, eine weit verbreitet eingesetzte maschinelle Produktion, die mehrere Arbeitsgänge in einem zusammenfasst und bei der das Teegut zwischen Dornenwalzen zerrissen wird. Die Produktionszeit beträgt dabei höchstens zirka acht bis zehn Stunden, während für die orthodoxe Herstellung 20 bis 24 Stunden benötigt werden.

ORTHODOX VERARBEITETER SCHWARZER TEE DURCHLÄUFT NACHEINANDER FÜNF STUFEN:

WELKEN: Je nach klimatischen Verhältnissen werden die Teeblätter nach der Ernte unter Warmluftzufuhr für acht bis zwölf Stunden in großen Welktrögen ausgelegt. Das Blattgut verliert dabei bis zu 60 Prozent seiner Feuchtigkeit.

ROLLEN: Nach dem Welken werden die Blätter in Rollmaschinen je nach Sorte bis zu 30 Minuten lang vorsichtig gerollt. Dabei brechen die Zellwände auf. Der Zellsaft, der austritt, verbindet sich mit dem Sauerstoff der Luft, die Fermentation (Oxidation) beginnt.

FERMENTATION: Die Fermentation dauert zwei bis drei Stunden. In dieser Zeit ruht und reift der Tee. Der oxidierte Zellsaft färbt die Teeblätter kupferrot. Der Tee entwickelt sein typisches Aroma. Die Dauer dieses Vorgangs entscheidet mit über die spätere Qualität des Tees. Kürzer fermentierte Tees sind heller in der Tassenfarbe und frischer im Geschmack. Sehr kräftige, dunklere Tees werden entsprechend länger fermentiert. Die Fermentation ist die eigentliche Kunst der Teeherstellung.

TROCKNEN: Beim Trocknen wird den Blättern Feuchtigkeit entzogen, sodass am Ende nur eine Restfeuchte von zirka drei Prozent im Tee verbleibt. Dies geschieht in Etagentrocknern bei ca. 90 °C und dauert etwa 20 Minuten. Der oxidierte Zellsaft trocknet am Blatt und der Tee bekommt seine dunkle Farbe. Auch dieser Verarbeitungsschritt muss genau überwacht werden.

SORTIEREN: Schließlich wandert der Tee auf Rüttelsiebe und wird in mindestens vier verschiedene Blattgrade sortiert: Blatttee, Broken-Tee, Fannings und Dust.

BLATTGRADE

- Blatttee: ganze Blätter
- Broken-Tee: gebrochene Blattstücke
- Fannings: noch kleiner
  gebrochene Blattstücke
- Dust: Staub

Blatttees geben ihre Inhaltsstoffe langsam ab, haben sehr komplexe und zarteste Aromen, während kleinere Blattgrade oft ein kräftigeres Aroma entwickeln. Fannings findet sich in den herkömmlichen kleinen Teebeuteln wieder. Dust ist die niedrigste Qualitätsstufe des Teebeutels. Hersteller hochklassiger Teesortimente verarbeiten aufgrund ihrer Ansprüche an die Qualität ihrer Tees in der Regel nur die ersten drei dieser vier Blattgrade.

BEIM GRÜNEN TEE IST'S ANDERS

Grüne Tees sind nicht fermentiert. In China wird das Teegut in großen Woks erhitzt, in Japan dämpft man es. Anschließend werden die Blätter gerollt, getrocknet und sortiert.

TEE LESEN

Das Studium von Teeblättern kann spannend sein, vor allem, wenn man die Originalverpackung loser Blatttees verlegt hat und einige seiner gefüllten Teedosen unbeschriftet ließ. Zutrauliche Tasseographisten schätzen es sogar, das in der Tasse nach Abguss des Aufgusses zurückbleibende Blattwerk orakelnd zu interpretieren. Wer im Tee mehr die Gegenwart als die Zukunft sucht, schaut zumeist auf der Verpackung nach und wundert sich über Kürzel. Versteht man sie aber, ist Tee lesen sehr einfach.

Zunächst einmal sind da die vier bereits erwähnten Blattgrade, die Auskunft über die Blattgröße geben. Die Anfangsbuchstaben dieser Blattgrade finden sich unter anderem in den Bezeichnungen für handelsübliche schwarze Tees wieder. Die für Unwissende geradezu mysteriös anmutende Buchstabenkombination auf einem Tee verrät dem Kenner sofort, mit welcher Teequalität er es zu tun hat. Die Buchstaben sind Abkürzungen aus der Kolonialzeit, die in definierter Reihenfolge international standardisiert und gültig für schwarze Tees stehen:

- F Finest
- T Tippy
- G Golden
- F Flowery
- O Orange
- P Pekoe

Pekoe ist das chinesische Wort für „zarter Flaum" und meint die dünnen, weißen Härchen an den jungen, zarten Teeblättern. Orange ist ein Begriff, der auf das Königshaus der Oranier zurückgeht und im Sinne von besonders gut (königlich) übersetzt werden darf. Flowery, das englische Wort für „blumig" beschreibt Duft und Aroma des Tees. Tippy kommt von Tips, den hellsten Blattspitzen, die weniger Feuchtigkeit enthalten und dadurch eine hellere Farbe annehmen, ergänzt durch Golden, leuchtend hellgelb bis goldschimmernde Blattspitzen. Die Begriffe Orange und Pekoe werden in der Kombination „OP" als Gradbezeichnung von Blatttees verwendet. Ist ein „B" in der Kennzeichnung enthalten, handelt es sich um einen Broken-Tee. Für Blatttees, vor allem Darjeeling, gibt es eigene Sortierungen – von der FOP-Qualität – Flowery Orange Pekoe – bis zu SFTGFOP 1. Das „S" steht hier für „Special" und damit für allerbeste Qualität, das erste „F" für „Finest" und das zweite für „Flowery". Die „1" am Schluss setzt dem Ganzen die Krone auf und weist auf Exklusives hin. In summa liest es sich so: Special Finest Tippy Golden Flowery Orange Pekoe 1. Wer auf einen Darjeeling SFTGFOP 1 eingeladen wird darf sich umfassend geehrt fühlen. Er ist ein Kaiser unter den Tees, aus einer sehr erlesenen Ernte.

SCHWARZE UND GRÜNE KLASSIKER

Es gibt viele hervorragende Teesorten, und es würde eine ganze Buchreihe füllen, sie alle ausführlich zu beschreiben. Zu den bekanntesten gehören:

DARJEELING-TEE aus dem Norden Indiens. Das Anbaugebiet wurde nach der nahegelegenen Stadt Darjeeling benannt. Hier wachsen die edelsten Teesorten der Welt auf den Hängen des Himalaya in Höhenlagen von 800 bis über 2200 Metern auf bestem Boden. Nicht umsonst nennt man Spitzen-Darjeelings auch „Champagner unter den Tees". Durch das besondere Klima bildet der Darjeeling ein so liebliches wie intensives Aroma aus, das hell, leicht und blumig daherkommt. Zu drei Haupterntezeiten (First Flush, Second Flush, Autumnal) wird der Darjeeling gepflückt. Die ersten Pflückungen finden von März bis April statt. First-Flush-Darjeelings sind besonders mild, zart-blumig und überaus geschätzt. Second Flushs des frühen Sommers sind hocharomatisch mit dem besonderen Muskatelaroma, während die Autumnals der Herbstpflückungen etwas weniger Aroma haben und milder im Geschmack sind. In Darjeeling werden auch grüne, weiße und Oolong-Tees angebaut.

34

ERNTEZEITEN

In vielen Teeanbaugebieten kann das ganz Jahr über geerntet werden. In Regionen wie in Darjeeling gibt es Haupterntezeiten, die auch besonders gekennzeichnet werden:

- First Flush
  Erste Pflückungen im Frühjahr von März bis Mitte April
- Second Flush
  Die Sommererrten von Mai bis Juni
- Autumnal
  Herbstpflückungen von Oktober bis November

Die Darjeelings der verschiedenen Ernten unterscheiden sich in Geschmack und Farbe. So sind die Second Flushs vollmundiger, kräftiger als die leichten, frischen First Flushs. Beide haben herausragende Qualität, und auch die Herbstpflückungen bringen noch ein weiches, vollmundig ausgeprägtes Aroma mit.

FLUGTEE – THE FLYING FIRST FLUSHS

Ausgesuchte Tees der ersten Pflückungen, ausnahmslos Spitzenqualitäten aus den besten Lagen, werden per Flugzeug schnell zu ihren Bestimmungsorten geflogen. Die erntefrischen Teeköstlichkeiten sind etwas Besonderes und sind nur im guten Teefachhandel zu bekommen.

ASSAM-TEE aus dem gleichnamigen Bundesstaat im Nordosten Indiens. Zu beiden Seiten des Flusses Brahmaputra, der auf seinem Weg vom Himalaya in den Golf von Bengalen durch Indien fließt, erstrecken sich auf einer Höhe von 300 bis 800 Metern über hunderte Kilometer riesige Teefelder – es ist das größte zusammenhängende Teeanbaugebiet der Welt. Subtropisches Klima und fruchtbarer Urwaldboden fördern das Wachstum kräftig-würziger, oft malziger Tees, die für viele Mischungen genutzt werden, darunter die bekannten Ostfriesen-Mischungen. In den Assam-Teegärten kann über das ganze Jahr geerntet werden. Die besten Qualitäten werden als First Flushs von Ende April bis Anfang Mai und als Second Flushs ab Mitte Mai bis Ende Juni gepflückt. Aus Assam kommen überwiegend schwarze Teesorten. Weitere wichtige Anbaugebiete für schwarzen Tee in Indien sind Niligri und Sikkim. Assam ist übrigens der Geburtsort der indischen Teekultur. 1823 entdeckte der britische Major Robert Bruce hier wild wachsende Teesträucher – die Camellia assamica. Bis zu diesem Zeitpunkt hatte man angenommen, dass der Teestrauch nur in China und Japan wächst.

CEYLON-TEE aus Sri Lanka. In seinem Namen versteckt sich der ehemalige Landesname. Wunderschöne Teegärten durchziehen den zauberhaften Inselstaat im Indischen Ozean. Aus den drei bekanntesten Anbaugebieten Uva im Osten, Dimbula im Westen und dem Höhenzug Nuwara Eliya kommen Tees von hervorragender Qualität. In jedem dieser Gebiete sorgen ständige Monsune für sehr unterschiedliche klimatische Bedingungen, heiß und trocken im Norden, warm und feucht im Süden, kühler im zentralen Hochland. Hier wachsen in 500 bis über 2000 Metern Höhe die edelsten Tees heran. In Nuwara Eliya werden das ganze Jahr über gute Qualitäten gepflückt. Die Besten aus Uva kommen aus den Ernten zwischen Juli und September, in Dimbula erhält man sie aus den Pflückungen von Januar bis März. Die vollmundig kräftigen Ceylon-Tees haben ein leicht zitrusartiges Aroma, das in der Teefachsprache auch „metallisch" genannt wird.

37

YUNNAN-TEE aus der gleichnamigen Teeprovinz im Südwesten Chinas. Aus Yunnan kommen sowohl sehr gute schwarze Tees als auch edle grüne Tees. Die Provinz ist nur eine der Teehochburgen Chinas. Aus Anhui stammt der schwarze Tee Keemun und sehr gute Oolongs. Ausgezeichnete grüne Tees kommen aus Guizhou, Guangdong und Fujian. Die Provinz Fujian ist auch das Zentrum der aromatisierten chinesischen Tees.

OOLONG-TEE aus Taiwan (Formosa, siehe unten) und China. Vor allem Taiwan ist berühmt für seine erlesenen Hochland-Oolongs, die eine weite Geschmacksfülle von fruchtig-duftig bis hin zu brotigen und nussigen Nuancen bieten. Der Name Oolong gibt in diesem Fall übrigens keinen Hinweis auf seinen Herkunftsort. Er bedeutet „Schwarzer Drache" oder auch „Schwarze Schlange".

OOLONG IN DER CHINESISCHEN TRADITION Oolongs kann man mehrmals aufgießen. Die Chinesischen Teezeremonien folgen dabei festen Ritualen. Aus der historischen „Schule des duftenden Blattes" stammt die Gongfu-cha-Zeremonie, in der jeder Oolong-Aufguss so schöne Namen trägt wie „Tee des guten Geruchs", „Tee des guten Geschmacks", „Tee der langen Freundschaft". Aus guten Oolongs können in einer solchen Teezeremonie bis zu 15 Aufgüsse bereitet werden.

FORMOSA-TEE Formosa ist der frühere Name der Insel Taiwan. Portugiesische Seefahrer nannten sie „Ilha formosa", die schöne Insel. Bis heute heißt die Meerenge zwischen dem westlichen chinesischen Festland und Taiwan Formosastraße, und auch der Tee der Insel trägt weiter seinen alten Namen.

SENCHA-TEE aus Japan, China, Taiwan und Korea. In Japan ist die Grünteesorte Sencha der meistgetrunkene Tee. Der Geschmack des Sencha ist wie bei anderen Tees auch abhängig vom Anbaugebiet und der weiteren Verarbeitung. Japanischer Sencha aus dem wichtigsten Anbaugebiet Shizuoka am Berg Fudschijama ist markant aromatisch mit einem Hauch von Süße. Senchas aus China bringen andere Geschmacksnuancen mit: herb-frisch und würzig-leicht. Zu den japanischen Grüntees des alltäglichen Lebens zählen auch Bancha und Houjicha. Der Bancha hat ein belebend frisches Aroma. Houjicha ist die geröstete Variante (Roasted Bancha) und gibt dem Tee ein sehr nussiges Aroma.

GYOKURO-TEE gilt als einer der hochwertigsten grünen Tees aus Japan. Sein Name bedeutet „edle Tautropfen". Die Pflanzen werden zirka drei Wochen vor der Ernte abgedeckt und die Blätter entwickeln so weniger Gerb- und Bitterstoffe. Vielen gilt der Gyokuro als die Krönung der Teekunst. Schattentees werden heute auch in China produziert.

MATCHA-TEE, ein leuchtend grüner Pulvertee, wird traditionell in Steinmühlen gemahlen. Er ist der Tee der japanischen Teezeremonie, der mit Wasser aufgegossen und mit einem Bambusbesen aufgeschäumt wird. Er enthält ausgesprochen viel Koffein.

GUNPOWDER-TEE aus Taiwan und China. Es ist ein grüner Tee mit hohem Koffeinanteil. Seinen Namen trägt er aufgrund der kugelähnlich gerollten Blätter, die ein wenig an Schießpulver erinnern. Sie entrollen sich beim Aufguss und schenken dem Gunpowder seine leicht-herbe, kräftige Note.

Weitere beliebte grüne Tees in und aus China sind CHUN MEE, ein zumeist einfacher Grüntee mit herben Aroma, der auch in Taiwan und Indonesien produziert wird, und LUNG CHING, den man unter den Namen Drachenbrunnen oder Dragon Well kennt. Er hat ein süßlich-blumiges Aroma und einen milden, leichten Geschmack. Sehr feine Vertreter sind MAO FENG und eine Spezialität: MU DAN (Pfingstrose), dessen Teeblätter zum Beispiel zu Blüten gebunden werden, die sich nach dem Aufguss öffnen.

Zu guter Letzt und für viele das Nonplusultra – die weißen Tees PAI MU TAN und YIN ZHEN, die man auch Weiße Pfingstrose (White Peony) und Silbernadeln (Silver Needles) nennt. Beide stammen sie aus der chinesischen Provinz Fujian. Das samtig-weiche, ausgesprochen zarte und edle Aroma des Pai Mu Tan wird nur noch durch den Tanz der silbernadeligen Blätter des Yin Zhen in der frisch aufgegossenen Tasse überboten.

40

41

UNBEDENKLICH

Die Teeeinfuhr unterliegt in der gesamten EU strengen Kontrollen. Wie bei allen Lebensmitteln sollte man sich auch bei
Tees vergewissern, woher sie kommen und wie sie verarbeitet wurden. Verantwortlich handelnde Teehäuser lassen ihre
Teeimporte über die gesetzlichen Kontrollen hinaus in unab-
hängigen Labors gründlich überprüfen.

... UND NACHHALTIG

Wirtschaftlich, umweltverträglich und sozial – all das ver-
birgt sich hinter dem Begriff der Nachhaltigkeit. Dass die
Teeproduktion für die Anbauländer einen großen Wirtschafts-
faktor darstellt, steht außer Frage. In immer mehr Teegärten
kümmert man sich verantwortungsvoll um die ökologischen
und sozialen Aspekte der Nachhaltigkeit. Dabei spielen auch
die Teehandelshäuser und deren Selbstverständnis eine
Rolle. Je intensiver und persönlicher der Kontakt eines Unternehmens zu seinen Lieferanten ist, desto besser kann es
Einfluss nehmen und ökologische wie soziale Standards auch
dort auf den Weg bringen, wo sie den unseren vielleicht noch
nicht entsprechen – ob es um die Kontrolle des Anbaus und
die Art der Teeverarbeitung geht, die Entscheidung für oder
gegen einen Teegarten, den Einsatz möglichst alternativer
Pflanzenschutzmittel oder um soziale Aspekte wie die schu-
lische Ausbildung der Kinder aus den Arbeiterfamilien und
die medizinische Versorgung aller. Auch jeder Verbraucher
trifft letztlich durch sein Kaufverhalten eine Entscheidung für
oder gegen Nachhaltigkeit.

DAS WICHTIGSTE AUF EINEN BLICK

Alle echten Teesorten (schwarze, grüne, weiße und Oolong-Tees) stammen vom Teestrauch Camellia sinensis ab, der in zwei Gattungen vorkommt: Camellia sinensis (China) und Camellia assamica (Assam). Heute setzt man vielfach Kreuzungen ein.

Der Teestrauch gedeiht in tropischem und subtropischem Klima. Die edelsten Tees kommen aus Höhenlagen bis 2500 Meter.

Two leaves and one bud: Nur die zwei jüngsten obersten Blätter und eine zarte Knospe werden für hochwertige Teequalitäten verarbeitet.

Schwarze Tees sind fermentiert (oxidiert), grüne Tees sind nicht fermentiert, Oolongs sind teilfermentierte Tees.

Orthodoxe Herstellung bei schwarzen Tees = Teeverarbeitung in Handarbeit. Die fünf Schritte sind: Welken, Rollen, Fermentieren, Trocknen, Sortieren.

Die vier Blattgrade von groß bis klein: Blatt, Broken (B), Fannings (F), Dust (D).

Kennzeichnung bei schwarzen Tees: F – Finest, T – Tippy, G – Golden, F – Flowery, O – Orange, P – Pekoe.

FOP-Qualität: Tee aus dünnen, sorgsam gerollten jüngsten Teeblättern und Blattspitzen.

Teeklassiker sind u. a. Darjeeling, Assam, Ceylon, Yunnan, Oolong, Sencha, Gyokuro, Gunpowder.

ECHTE GEMISCHTE

BLENDS

Die Kunst der Mischung (Blend) hat beim Tee eine sehr lange Tradition. Teemischungen gibt es bei schwarzen und grünen Tees ebenso wie bei aromatisierten oder den weltbekannten Blattmischungen wie den englischen, in denen sich oft mehr als zehn unterschiedliche Teesorten aus verschiedenen Ländern vereinigen, um das gewünschte Aroma auszubilden.

Auch Mischungen von Tees aus verschiedenen Pflückungen ein und desselben Teegartens sind Blends, genau genommen selbst dann, wenn die Ernten nur einen Tag auseinanderliegen. In diesem Fall stellt man mit der Mischung sicher, dass trotz sehr unterschiedlicher Tagesproduktionen das Endprodukt Tee in seiner bekannten Qualität konstant bleibt.

BEKANNTE KLASSISCHE TEEMISCHUNGEN

ENGLISH BREAKFAST TEA, ohne den ein englisches Frühstück kein solches wäre. Die starke Mischung verschiedener schwarzer Teesorten aus Indien und Ceylon ist ein fester Bestandteil englischer Teekultur. Getrunken wird der mittelkräftige Tee mit Milch, oft auch mit Zucker.

OSTFRIESISCHE MISCHUNG, ohne die an der deutschen Nordseeküste nichts geht. Vor allem Assam-Tees, aber auch Tee aus Ceylon, Darjeeling und andere Sorten werden in dieser kräftig-aromatischen Mischung verarbeitet. In der ostfriesischen Teetradition trinkt man sie mit Kluntje und Sahne.

KARAWANENTEE, ohne den man im Land der Samoware nicht sein könnte. Der Samowar-Tee ist eine klassische russische Mischung von Tees aus China, Taiwan und Indien. Früher brachten ihn Karawanen über beschwerliche Wege durch Sibirien zu den Handelskontoren nach St. Petersburg und Moskau. Der kräftige Tee mit leicht rauchigem Geschmack wird stark gesüßt, oft mit einem Löffel Konfitüre getrunken.

AROMATISIERTE VERFÜHRER

„Es war ein grüner Jasmin, ich fand ihn als Mädchen im Schrank meiner Mutter."
„Bei mir war es der Morgentau." „Ein Masala Chai, auf Geschäftsreise in Indien."
So oder so ähnlich antworten viele Teefreunde, fragt man sie, wie sie zum Teegenuss
gekommen sind. Es ist mit dem Tee wie mit der Liebe. Man trifft jemanden, den man
vorher nicht kannte. Er hüllt sich in anziehendes Schweigen, riecht gut, sieht gut aus,
und man denkt sich, warum nicht kurz kosten. Ehe man sich versieht, ist man verliebt.
Mit der Zeit klärt sich Herz und Geist, die Ansprüche steigen, man will mehr wissen,
alles erfahren, jede Nuance, bis zur letzten wahren Essenz. Vom Scheitern so mancher
Liebe muss weiter nichts ausgeführt werden; von einem vielversprechenden Tee wird
man selten enttäuscht.

Aromatisierte Tees sind oft die Einsteigertees ins schier unerschöpfliche Teeuniver-
sum. Zwar kannten viele schon lange ihren schwarzen Wintertee aus dem Skiurlaub
oder einen der Heil- und Kräutertees aus Krankheitstagen. Zum Genussmittel Tee jedoch verführte sie eine aromatisierte Sorte.

Schon früh begann man in China Tees durch die Zugabe von Blüten und Gewürzen zu
verfeinern. Es ging nicht nur darum, andere Geschmacksnoten zu erhalten, auch die
Schönheit der Zutaten sollte erfreuen. Bekannte Vertreter dieser Gattung sind zum Beispiel der Rosentee und auch der Jasmintee auf Basis eines grünen oder Oolong-Tees,
der mit Jasminblüten gemischt wird und so sein feines Aroma erhält. Eine sehr lange
Tradition in China hat auch der sogenannte Rauchtee Lapsang Souchong, ein kräftiger
schwarzer Tee, der in Bambuskörbchen über brennendem Kiefernholz und Zapfen ge-
räuchert wird.

Einer der bekanntesten aromatisierten Tees in Europa ist der Earl Grey. Seine Originalrezeptur setzt sich aus schwarzen chinesischen Teesorten zusammen, die man mit dem Öl der Bergamotte-Frucht versieht. Heute werden Earl Greys auch mit anderen schwarzen Teesorten hergestellt, und auch mit grünen Tees. Die Qualität und das Aroma eines „Earls" hängen stark von den Ursprungssorten und der weiteren Verarbeitung sowie der Aromatisierung des Tees ab. Ein guter Earl Grey hat ein frisches Zitrusaroma und einen kräftigen, intensiven Geschmack. In jüngerer Zeit kamen dem Earl Damen zur Seite – so die deutsche Princess Grey, eine Mischung aus vollmundigem Herbst-Darjeeling und Keemun mit Orangenschale und Kornblumenblüten.

EIN EARL UND SEIN TEE

Verschiedene Geschichten ranken sich
darum, wie der Earl-Grey-Tee zu seinem
Namen kam. Eine oft erzählte soll sich um
das Jahr 1830 zugetragen haben. Der da-
malige englische Premierminister Charles
Grey, dessen britischer Adelstitel Zweiter
Earl Grey lautete, hatte sich exquisiten
Tee aus China geordert. Das Schiff, das
den Tee geladen hatte, führte auch feines
Bergamotte-Öl mit. Auf stürmischer See
zerbrachen die Fässer und das Aroma ver-
mischte sich mit dem Tee des Earls. Statt
die so „verdorbene" Ware zu verschmähen,
ließ der Earl sich daraus Tee bereiten –
und war begeistert.

50

IM UNIVERSUM DER AROMEN

Ein fein aromatisierter Tee kann ein unwiderstehlicher Verführer sein. Solche Tees umgarnen den Genießer duftig-zart bis kräftig-würzig. Sie präsentieren sich in vielen Geschmacksvariationen von Lemongras über Limonen, Orangen, Ingwer, Zimt bis hin zu Chilli, Pfeffer und Schokolade.

Der internationale Teemarkt ist heute ohne diese enorme Vielfalt an aromatisierten Tees kaum vorstellbar. Immerzu entstehen neue geschmackliche Variationen, die zum Kennenlernen einladen, leider nicht immer zum Genuss. Die angebotenen Qualitäten unterscheiden sich und die Geschmackserlebnisse können sehr unterschiedlich ausfallen. Die Nase des Menschen und sein ausgeprägter Sinn für guten Geschmack sind überaus sensible Kritiker. So sind überaromatisierte Tees, in denen ein Aromazusatz alle anderen Bestandteile erschlägt, für Teefreunde etwas, das sie eher zum Nasekräuseln als zum Trinken bewegt.

Tees werden auf unterschiedliche Weise aromatisiert, mit natürlichen Aromen, echten Blüten oder Fruchtstücken. Für den Jasmintee gibt man zum Beispiel Jasminblüten zu den grünen Teeblättern, damit der Tee das gewünschte Aroma annimmt. Danach werden die Blüten wieder herausgelesen. Oft verbleiben aber einige im Tee, um auch das Auge zu erfreuen. Mit ätherischen Ölen aromatisierte Tees wie der Earl Grey werden zumeist in großen Trommeln mit den Ölen vermischt. Die Qualität der Aromatisierung lässt sich schmecken. Und es hängt von der Güte der Ausgangsstoffe und vom Können und Wissen der Teataster ab, wie gut diese ausfällt.

ECHTE GEMISCHTE

AROMA IST NICHT GLEICH AROMA

Natürliche Aromen: Zu ihnen zählen ätherische Öle wie Orangen- oder Bergamotte-Öl, aromagebundene Pflanzenteile wie Blüten und getrocknete Fruchtstücke sowie Gewürze.

Aromaextrakte werden aus Pflanzen und Gewürzen gelöst. Es sind Konzentrate aus dem ursprünglichen Pflanzenmaterial. Natürliche Aromastoffe werden durch Destillation oder Extraktion aus pflanzlichen oder tierischen Rohstoffen gewonnen.

Naturidentische Aromastoffe sind synthetische Stoffe mit Aromaeigenschaften, die durch chemische Synthese oder Isolierung gewonnen werden und mit einem Stoff identisch sind, der zum Beispiel in einem pflanzlichen Produkt vorkommt.

Die Verwendung von Aromen in Lebensmitteln ist in der Europäischen Aromenverordnung (EG) Nr. 1334/2008 geregelt. Sie unterscheidet: Aromastoffe, Aromaextrakte, thermisch gewonnene Reaktionsaromen, Raucharomen, Aromavorstufen und sonstige Aromen. Die Verordnung ist im Internet unter www.gesetze-im-internet.de zu finden.

DAS WICHTIGSTE AUF EINEN BLICK

Blends sind Mischungen aus verschiedenen Teesorten, unterschiedlichen Anbaugebieten oder zweier und mehr Pflückungen.

Berühmte Teemischungen (Blends) sind: Englische Mischung (English Breakfast), Ostfriesische Mischung und Russische Mischung (Karawanentee).

Aromatisierte Tees sind grüne, schwarze, weiße oder Oolong-Tees, die aromatisiert wurden.

Die Aromatisierung mit Blüten und Gewürzen ist in vielen Kulturen seit Jahrtausenden bekannt.

Aromatisierte Tees sind gute „Einsteigertees".

Bekannte aromatisierte Tees sind u. a. Rosentee, Jasmintee, Rauchtee Lapsang Souchong, Earl Grey und Morgentau.

DIE ANVERWANDTEN

Wenngleich der Begriff „Tee" im Grunde nur für Tees vom Teestrauch gilt, hat es sich im deutschsprachigen Raum durchgesetzt, dass auch teeähnliche Getränke wie Kräuter-, Früchte- oder Arzneitees als Tee bezeichnet werden. Im Englischen und Französischen nennt man sie „Infusions". Das deutsche „Infusion" ist in den Köpfen doch eher intravenös besetzt.

Was echte Tees und teeähnliche Getränke verbindet, ist, dass man sie aus Pflanzenbestandteilen gewinnt und mit sprudelnd kochendem Wasser aufgießt. So gesehen hatte die Kaffeebohne Glück, vielerorts schon früh eigene Berühmtheit erlangt zu haben. Hätte man sie später entdeckt – gut möglich, dass der Kaffee heute einfach als ein teeähnliches, stark koffeinhaltiges heißes Aufgussgetränk beschrieben würde.

KLASSISCH PUR

Da sind zum einen die puristischen Klassiker: Kräutertees von Kamille, Pfefferminze, Fenchel, Eisenkraut (Verbena), Lindenblüten, Melisse, Brombeeren, Brennnesseln und viele andere mehr. Dazu kommen, zumindest für Europa oder Amerika, neuere Solisten wie die marokkanische Nana-Minze oder Tee von Zitronellengräsern aus Afrika und Asien. Einige von ihnen haben in kürzester Zeit viele Liebhaber gefunden. Zu ihnen zählen:

ROOIBOS-TEE aus den Zedernbergen Südafrikas, auch Rotbusch genannt. Der Rotbusch ähnelt optisch dem europäischen Ginster, mit dem er auch verwandt ist. Für den Tee wird er geschnitten, was die Fermentation in Gang setzt, die dem Tee seine typische rot-braune Farbe schenkt. Rund um das Kap der Guten Hoffnung ist Rooibos das Nationalgetränk der Südafrikaner. Sie schätzen ihn auch als Heiltrunk. Rooibos enthält kein Koffein und kaum Tannin, dafür viele Mineralstoffe, wie Eisen und Calcium, und Vitamin C.

HONEYBUSH aus Südafrika. Wie der Rooibos wächst auch der Honeybush nur am Kap, beide gehören sie zu den Schmetterlingsblütlern. Bis vor ein paar Jahren kam der Busch, dessen Blüten leicht nach Honig riechen, nur wildwachsend vor. Ihn zu ernten, war abenteuerlich und mühsam. Erst Ende der Neunziger begann man damit, den Honeybush langsam zu kultivieren. Der Tee ist koffeinfrei und reich an Mineralstoffen und Spurenelementen.

LAPACHO aus Südamerika. Lapachos sind Riesenbäume in den Urwäldern Südamerikas, die bis zu 35 Meter hoch wachsen. Die Indios nennen den Lapacho „Baum des Lebens". Schon lange wissen sie die Vorzüge dieses Tees zu schätzen, der aus der Innenrinde der Bäume hergestellt wird. Die Fasern der Rinde enthalten viele wertvolle Mineralien, darunter Fluorid, Jod, Kalium und Magnesium.

MATE aus Südamerika. Auch der Matetee ist den Indios zu verdanken. Er wird aus den getrockneten Blättern des immergrünen Matestrauchs gewonnen, der mit der Stechpalme verwandt ist und aufgrund seiner Größe oft auch Matebaum genannt wird. Die wildwachsende Form kann eine Wuchshöhe von bis zu 14 Metern erreichen. Nicht nur Südamerikaner schätzen die anregende Wirkung des Matetees.

FEIN VARIIERT

Neben diesen und anderen Einzelsorten gibt es unzählige sehr gute Kräutermischungen, die man zu allen Tageszeiten genießen kann – ob als Fitmacher am Morgen, Wachmacher bei Konferenzen oder Begleiter ins Spa und zur Nachtruhe, für jedes Bedürfnis, jede Gelegenheit und jeden Geschmack finden sich heute leckere Variationen. Die Kombination von Ingwer, Zitronengras und Minze hat inzwischen eine ebenso große Fangemeinde wie Rooibos mit Vanille und Orangenaroma.

DER MENSCH UND DIE GABEN DER NATUR

Die Überlieferung des Wissens um die Wirkung natürlicher Gewächse nahm wohl schon ihre Anfänge, als unsere nahrungssuchenden Vorfahren herausfanden, dass sich der mit der Atemluft hinaustönende Schall auch zu sinnstiftender Unterhaltung nutzen lässt. Fortan wurden neue Erkenntnisse mündlich weitergegeben. Der alte Herr Ötzi vom Hauslabjoch führte nachweislich zwei Birkenporlinge mit sich, wie seine vom Eis freigegebene Mumie der Wissenschaft 5300 Jahre später verriet. Offenbar wusste man damals schon um die antibiotische Wirkung des Pilzes. Kräuter und Pflanzen zur Heilung wurden schon in frühen chinesischen Texten und auch in den indischen Veden beschrieben. In der traditionellen indischen Heilkunst Ayurveda kennt man die Wirkung verschiedener Kräutertees und auch das alte China wusste um das Gute im Tee, wie ein erstes chinesisches Heilpflanzenbuch, das „Shen Nong Ben Cao Jiang" berichtet. Zugeschrieben wird es dem mythologischen Urkaiser Shen Nong, der vor etwa 5000 Jahren gelebt haben soll, andere Annahmen gehen davon aus, dass das Buch um 300 v. Chr. entstanden ist. Der griechische Arzt und Pharmakologe Pedanios Dioscuri-

des beschrieb ein Jahrhundert n. Chr. in seiner „De materia medica", einer ausführlichen systematischen Arzneimittelkunde, Hunderte von Heilpflanzen, die sich zur Teeherstellung eignen. Die Aufzeichnungen des Dioscurides hatten wesentlichen Einfluss auf die Geschichte der Medizin und Pharmakologie. Etwa eintausend Jahre später begründete die Äbtissin Hildegard von Bingen (1098–1179) ihren bis heute anhaltenden Ruhm mit ihren Büchern zur Heilkraft von Kräutern. In vielen Kulturen wurde das Wissen über die Wirkung von Kräutern und Tees jedoch nur mündlich weitergegeben, und meist war es vor allem heilkundigen Kreisen vorbehalten. Druiden, Schamanen und die berühmten Kräuterhexen gehörten dazu. Oft war Tee auch Bestandteil religiös-ritueller Handlungen. In Überbleibseln von alten ägyptischen Weingefäßen aus dem Grab eines der ersten Pharaonenherrschers aus der Zeit um 3150 v. Chr. fanden Forscher der University of Pennsylvania vor ein paar Jahren Spuren von Koriander, Melisse, Minze und Salbei. Es ist wohl ein Kräutersud auf Basis vergorener Weintrauben gewesen, den man dem altägyptischen König Skorpion I. auf die Reise ins Totenreich mitgegeben hat.

BUNT WIE DAS LEBEN: FRÜCHTETEES

Vorbei die Zeiten, als man der Oma und ihrem Hagebuttentee durch die Hintertür entfloh. Moderne Früchtetees sind so vielseitig und interessant, dass es schwer fällt, sie nicht zu kosten. Die erstklassigen Vitaminspender sind in leckerste Rezepturen eingebunden und in allen erdenklichen Geschmackskombinationen zu bekommen. Vom Sanddorn mit süßen Früchtchen über Früchtetees mit Exoten wie Kaktusfeige, Maqui- oder Gojibeeren bis hin zu royalen Himbeeren gemischt mit Hagebuttenschale, Hibiskus, Holunderblüten, Apfelstückchen, Orangenschale und Rosenblüten. Ein Tee gewordenes Schlaraffenland vom Frühlingsbukett bis zum heißen Wintermärchen.

VITALISIERENDE FRÜCHTCHEN

Alle hochwertigen Früchtetees haben entsprechend ihrer zugrundeliegenden Früchte zahlreiche Inhaltsstoffe: Mineralstoffe, Vitamine und gesundheitsfördernde aromatische Verbindungen, Polyphenole genannt. Besonders Vitamin-C-reich sind zum Beispiel Sanddornbeeren, Hagebutten, Holunder- und Johannisbeeren.

EISKALT – VON VORNEHM BIS POPPIG BUNT

Das Wunderbare an einem guten Tee ist, dass man ihn heiß und auch eiskalt genießen kann. Vor allem an warmen Sommertagen ist die kühle Variante sehr beliebt.

Industriell produzierte Eistees, wie sie im Handel überwiegend angeboten werden, enthalten oft sehr viel Zucker und auch viel Zitronensäure. Ein selbstgemachter Eistee ist nicht nur die frischere, sondern auch die gesündere Variante, vorausgesetzt, man übertreibt es mit dem Zucker nicht.

Die Basis für selbstgemachte Eistees kann ein echter schwarzer, grüner, weißer oder Oolong-Tee sein, den man zunächst mit doppelter Menge aufbrüht und anschließend über Eiswürfel gießt. Durch den Kälteschock bleiben die Aromen voll erhalten, und man kann dann nach Belieben Früchte und Kräuter wie Limetten und Minze beigeben.

Eine sehr edle Variante mit echtem Tee ist zum Beispiel ein weißer Eistee mit Zitronen-gräsern und fliederfarbenen Hornveilchenblüten. Ideal, einfach und schnell kann man auch fein aromatisierte Tees nutzen. Aus Früchtetees lassen sich ebenfalls wunderbare Eisgetränke zaubern. In gut sortierten Teefachgeschäften bekommt man heute köstli-che Mischungen mit Fruchtstückchen und Blüten, fröhlich bunt und gesund und in allen erdenklichen Geschmacksrichtungen.

EIN ENGLÄNDER IN AMERIKA

Populär wurde der Eistee in Amerika durch den Engländer Richard Blechynden, der 1904 auf der Weltausstellung im amerikanischen St. Louis wegen der hochsommerlichen Temperaturen keine Abnehmer für seinen heißen schwarzen Tee fand. Er verwandelte ihn kurzerhand in einen Eistee. Bis heute lieben die Amerikaner ihren Iced Tea.

DAS GUTE IM TEE – EIN AUSFLUG IN DIE WISSENSCHAFT

In der Traditionellen Chinesischen Medizin wie auch in der allgemeinen Naturheilkunde werden echte Tees als Heiltees genau wie Tees von Lindenblüten, Kamille, Fenchel und vielen anderen Kräutern schon lange eingesetzt.

Auch klinische Studien belegen, dass grüne und schwarze Tees vor diversen Krankheiten schützen und begleitend auch bei schulmedizinischen Therapien helfen können. Vor allem der grüne Tee wird seit einigen Jahren wissenschaftlich in sehr vielen Studien untersucht, in den USA, in Asien, Japan und Europa, insbesondere in Deutschland. Es geht um seine mögliche positive Wirkung im Zusammenhang mit Krankheiten wie Parkinson, Alzheimer, Multiple Sklerose, Herz-Kreislauf- und Stoffwechselerkrankungen oder auch bei entzündlichen Gefäßkrankheiten und Krebs. Vor allem die Substanz EGCG (Epigallocatechin-3-gallat) interessiert die Wissenschaftler. Man vermutet, dass sie eine wachstumshemmende Wirkung auf kleine Blutgefäße hat und möglicherweise auch die Elastizität der Blutgefäße beeinflusst. Die Wachstumshemmung kleiner Blutgefäße ist unter anderem für die Behandlung von Tumoren hoch interessant, da diese wie gesundes Gewebe über Blutgefäße mit Nährstoffen und Sauerstoff versorgt werden.

EGCG ist ein sogenanntes Catechin, Baustein des natürlichen Gerbstoffs im grünen Tee, der auch in vielen anderen Pflanzenarten vorkommt. Catechine gehören zur chemischen Gruppe der Polyphenole, sekundäre Pflanzenstoffe also, die Pflanzen zum Beispiel vor Pilzen, Schimmel und Schädlingen schützen. Dem Menschen könnten die Antioxidanzien als Radikalenfänger im Körper wertvolle Dienste leisten. Noch lassen sich keine für die Gesamtheit der Menschen gültigen Aussagen treffen, doch wer weiß ... die Forschung geht voran.

WEITERE INHALTSSTOFFE IM TEE

Neben dem Catechin enthält Tee unter anderem Vitamin A, Vitamine der B-Gruppe, Mineralstoffe wie Calcium, Kalium, Magnesium sowie die Spurenelemente Kupfer, Zink, Fluorid und Nickel, außerdem Carotine, die zu den sekundären Pflanzenstoffen zählen. Nicht zu vergessen: das Koffein.

KOFFEIN

Früher sprach man von Thein statt von Koffein. Der Begriff entfiel, weil sich heraus-stellte, dass Thein mit Koffein chemisch identisch ist. Tee enthält abhängig von den zugrundeliegenden Pflanzenblättern und derer weiterer Verarbeitung kleinere oder größere Mengen Koffein. Wie viel Koffein ein Teestrauch ausbildet, hängt zum Beispiel mit seinem Standort und den Bedingungen zusammen, unter denen er wächst. Ebenso spielt der Grad der Fermentation eine Rolle. Koffein aus grünem und schwarzem Tee wird im Körper anders freigesetzt als beispielsweise das Koffein im Kaffee, weil es an sekundäre Pflanzenstoffe (Polyphenole) gebunden ist, die das Koffein erst im Darm und nicht schon im Magen freisetzen. Die Wirkung des Koffeins wird dadurch abgemildert und tritt später ein. Sie hält auch länger an. So lässt sich erklären, warum Teegenuss eher anregt statt aufregt. Ein weiterer dem Koffein ähnlicher Inhaltsstoff des Tees ist das Theobromin, das als Alkaloid in geringen Mengen auch in Teeblättern natürlich vor-kommt. Theobromin wirkt mild anregend und stimmungsaufhellend. Auch Theophyllin ist im Tee in geringen Mengen enthalten. Sein Name ist von den Teeblättern abgeleitet. In der Medizin nutzt man die entzündungshemmende sowie die bronchien- und ge-fäßerweiternde Wirkung von Theophyllin in Medikamenten zum Beispiel in der Behand-lung von Asthma bronchiale.

66

DAS WICHTIGSTE AUF EINEN BLICK

Echte Tees stammen vom Teestrauch (Camellia sinensis und Camellia assamica).

Kräuter-, Früchte- und Arznetees auf anderer Pflanzenbasis sind teeähnliche Getränke. International spricht man von Infusions.

Es gibt unzählige verschiedene Kräutertees wie Kamille, Pfefferminze, Verbena, Lindenblüten, Sanddorn.

Bekannte Kräutertees aus Südafrika und Südamerika sind: Rooibos, Honeybush, Lapacho, Mate.

Das Kräuterwissen ist schon seit Tausenden von Jahren in verschiedenen Kulturen bekannt.

Früchtetees gibt es heute in den schönsten Variationen in verschiedensten Geschmacksrichtungen für alle Tages- und Jahreszeiten.

Für Eistees lassen sich sowohl pure oder feine aromatisierte Tees nutzen als auch herrlich bunte Kräuter- und Früchtetees.

Wichtige Inhaltsstoffe des Tees sind: Koffein, Vitamine der B-Gruppe sowie Mineralstoffe, Vitamin A und Spurenelemente. Der Koffeingehalt eines Tees hängt von der Teesorte und seiner Ziehzeit ab.

Die anregende Wirkung von schwarzen und grünen Tees kann über die Ziehzeit gesteuert werden. Es heißt: Schwarze Tees verlieren ihre anregende Wirkung nach zirka drei Minuten Ziehzeit und grüne nach mehr als zwei Minuten.

NASEWEIS UND GESCHMACKSSICHER

Teetrinkern sagt man oft nach, genießerische Persönlichkeiten zu sein, was der Wahrheit entspricht, ist man doch beim Teegenuss so schön bei sich. Zwei besondere Vertreter im geschmackvollen Teekosmos sind Teataster und Teamaster. Die einen sind im Auftrag eines Teehandelshauses unterwegs, die anderen finden sich in der gehobenen Hotellerie und Gastronomie.

TEATASTER

In Sachen Tee spricht der Experte Englisch, so heißen die Spezialisten für Geschmacksfragen Teataster und nicht, wie es hin und wieder falsch ins Deutsche gerät, Teetester. Teataster sind exzellente Feinschmecker mit ungemeiner Sachkenntnis, einem enormen Erinnerungsvermögen und einem unglaublichen Gespür für Sensorik.

Ein Teataster hat Aufgaben, die den Erfolg des Unternehmens wesentlich mitbestimmen. Zum einen überprüft er – oder sie – die Qualität der frischen Ernten und beurteilt, ob die Tees die Eigenschaften besitzen, die er für sein ausgesuchtes Teeangebot und neue Kreationen braucht. Der Teataster entscheidet auch, ob ein Tee den vom Anbieter geforderten Preis wert ist und schließlich, welcher Tee eingekauft wird. Die Teeexperten kennen jedes relevante Anbaugebiet und halten engen persönlichen Kontakt zu den Teegärten der Welt. Regelmäßig sind sie vor Ort, um die Ernten zu verkosten. Das Überprüfen von Teequalitäten und das Mischen verschiedener Teesorten zu einem guten Blend wie auch das feine Aromatisieren eines Tees setzen sehr viel Wissen, Können und Talent voraus. Das Geschmacksempfinden eines Teatasters muss hoch entwickelt sein, und es braucht fünf bis sieben Jahre, bis er seine Profession perfektioniert hat. In dieser Zeit sensibilisiert er zunehmend seine Sinne, lernt alles über Hunderte Teesorten und gewinnt schließlich ein umfassendes Wissen, das später in seine Arbeit einfließt.

Je sensitiver, erfahrener und kreativer ein Teataster ist, desto besser gelingen seine Teekreationen. Die Zahl solcher Teeexperten ist überschaubar, da zu einem schon von Natur aus sehr guten Geschmackssinn auch eine ausgesprochene Liebe zum Tee vorhanden sein muss. So beginnen die meisten Teataster ihre berufliche Laufbahn auch als Kaufleute im Teegeschäft, werden irgendwann als Geschmackstalente entdeckt und zu Teatastern ausgebildet. Auch Absolventen der Studiengänge Lebensmitteltechnologie oder Ernährungswissenschaften finden sich später als Teataster in der Branche.

TEATASTING

Dass Tee trinken für einen Teataster nicht nur reines Vergnügen ist, zeigt sein ganz normaler Arbeitstag. Bis zu dreihundert Sorten verkostet er täglich, zu Haupterntezeiten ein paar Hundert mehr.

International gültige Regeln legen die einheitliche Form fest: In einem Raum mit Tages-licht, das wichtig ist, um die Teefarben richtig einschätzen zu können, steht aufgereiht weißes Porzellan – für jeden Tee eine Tasse, die über einen gezahnten Ausgussrand verfügt, ein Tassendeckel und eine Trinkschale. In jede Tasse kommen 2,86 Gramm Tee (das Gewicht einer Sixpence-Münze, siehe Seite 75). Die nebeneinander stehenden Tas-sen werden zunächst der Reihe nach aufgegossen, die Uhr wird gestellt, dann füllt der Teataster alle Tassen vollständig auf und bedeckt sie mit dem Deckel. Die vorgeschrie-bene Ziehzeit beträgt fünf Minuten. Teemenge und die verhältnismäßig lange Ziehzeit kreieren nicht eben den köstlichsten Tee. Doch es geht beim Teatasting nicht darum, sich genießerisch zurückzulehnen, die Teataster müssen die Tees unter absolut glei-chen Bedingungen testen, um stets dieselbe Ausgangsbasis für ihr Urteil zu haben. Ist die Ziehzeit abgelaufen, wird der Tee in die Trinkschale gefüllt, die Tasse umgestülpt, sodass die Teeblätter auf die Innenseite des Deckels fallen und man diesen seitenver-kehrt auf die leere Tasse legen kann.

Nun hat der Teataster alles im kritischen Blick – die getrockneten Teeblätter lose auf einer weißen Schütte, die feuchten Teeblätter auf dem Tassendeckel und den heißen Tee in der Schale. Er überprüft die Blattqualitäten, den Geruch und die Farbe der Teeblätter im getrockneten und feuchten Zustand, beurteilt das Aroma und auch die Farbe des Tees. Schließlich schlürft er lautstark einen Schluck. Das schnelle Einsaugen verteilt den Tee sofort im ganzen Mund, der Sauerstoff und die feine Zunge tun das ihre, um das Schmecken zu unterstützen. Das ganze Spektrum des Tees kann jetzt erfasst werden. Im Anschluss spuckt der Teataster den Tee aus, in einen schicken Spitoon, versteht sich, und vermeidet so, dass ihm ein Übermaß an Bitterstoffen und Koffein den schönen Beruf verleidet.

So geht es Probe um Probe. Jede Bewertung wird schriftlich festgehalten. Wenn das Urteil des Teatasters lautet: „Clean, bright and attractive", hat ein Tee gute Chancen ins Sortiment zu kommen.

DER FEINE GESCHMACK

Wenn vom Geschmackssinn die Rede ist, denken viele vor allem an die Geschmacksknospen ihrer Zunge, die Informationen wie süß, salzig, sauer oder bitter über Nerven-
zellen zum Gehirn leiten. Doch es sind nicht die einzigen Geschmackssensoren. Auch
in der Nase ist der Geschmack zu Hause. Ohne das Riechen geht beim Kosten nichts.

Natürlich prüft auch das Auge mit. Beim Essen beeinflussen sogar die Geräusche das
Geschmacksurteil – wenn der Cracker nicht kracht und das Filetstück quietscht, ver-
geht der Appetit. Hinzu kommen kulturelle Einflüsse, die jeden Menschen prägen und
die ihre Rolle auch bei Geschmacksfragen spielen. So mag der eine Buttertee, der andere nicht. Und noch mehr spielt hinein: Erfahrungen, die das Gehirn zum Andenken
für später gefühlvoll mit Bildern verknüpft – ob positiv oder negativ, hängt von den
Begleitumständen ab. Schlechte Gesellschaft oder unangenehme Erlebnisse können
auch das Geschmackserleben mit einem Tee ungünstig beeinflussen – charmante Gesellschaft und wunderbare Erlebnisse schaden dem Tee dagegen nie.

Teataster gehen ihre Teeverkostung freilich aufs Professionellste an. Eine ganze Flut
von Geschmackseindrücken will sachlich differenziert betrachtet werden. Die be-
wusste Geschmackswahrnehmung im Gehirn beurteilt nämlich nicht nur die Hauptge-
schmacksrichtungen süß, salzig, sauer, bitter und umami, sie tut dies auch in vielen
verschiedenen Intensitäten, die zigfach miteinander kombiniert und um die Wahrnehmung durch Tast-, Geruchs- und Temperatursinn erweitert eine schier unermessliche
Menge an unterschiedlichen Geschmackseindrücken vermitteln.

2,86 G = 1 SIXPENCE

Das alte Währungssystem von Großbritannien hatte eine besondere Münze parat: den Sixpence. Die ersten britischen Teeverkoster, die das Verfahren standardisierten, waren überzeugt, dass Blattgut vom Gewicht eines Sixpence-Stückes die ideale Menge für eine Probe darstellt. Bis heute ist es das gültige Eichgewicht beim Teatasting. Auch das junge Eheglück kam einst nicht ohne das kleine Geldstück aus: „... and a lucky sixpence in your shoe", durfte bei keiner Hochzeit fehlen. Startkapital für einen romantischen Tea for two.

76

VON TEEMEISTERN UND TEAMASTERN

Der Begriff „Teemeister" ist vor allem aus den asiatischen Teezeremonien bekannt, in denen die jahrhundertealten Traditionen dieser Teekulturen in festen Ritualen vom Meister des Tees vollzogen werden. Auch Teamaster sind Menschen, die die Teekultur meisterlich beherrschen. Im Unterschied zu den Meistern der überlieferten Zeremonien geht es ihnen um die perfekte moderne Lebensart mit Tee. Teefreunde wissen es sehr zu schätzen, wenn sie unterwegs auf einen Teamaster treffen. So Bitteres kreuzte schon ihre Wege, während sie unter Teefremden weilten, und es waren nicht nur Zitronen im Darjeeling, die ihr Wohlgefühl trübten. So mancher klagt über den Service in der Gastronomie und die schmerzlich entbehrte Frage: „Wünschen Sie Tee?" Ein kleiner feiner Satz, den man oft erst hört, wenn man niesend und hustend den Gastbetrieb stört. Am ärgsten jedoch und etwas, das selbst dem verständigsten Menschenfreund missfällt: für chronisch magenkrank, exzentrisch und anstrengend

angesehen zu werden, bloß weil man sich in bester Absicht über Ziehzeiten geäußert hat. Anders als Weintrinkern, auf deren Kritik gewöhnlich eine bessere Flasche aus dem Keller folgt, wird es dem Teetrinker nicht so ohne weiteres zugestanden, sein Lieblingsgetränk in hoher Qualität einzufordern. Wie groß dieser Gegensatz ist, wissen vor allem jene Liebhaber köstlicher Tropfen, die sowohl gute Weine als auch gute Tees schätzen.

Trotz seiner stetig steigenden Beliebtheit geht es dem Tee gerade dort, wo Gastfreundschaft das Wichtigste sein sollte, oft noch ähnlich wie der märchenhaften Cinderella – weit entfernt vom Prinzen auf der Suche nach dem feinen Schuh. Bestenfalls hübsch präsentiert beim Frühstücksbüfett mit einer kleinen Auswahl gängiger Sorten. Überall auf der Welt trifft man Sommeliers für Wein und Wasser, doch noch wenige Fachleute für Teekultur. Aber es gibt sie, und es werden mehr.

WE TEACH TEA - TEAACADEMY

2003 gründete das Teehaus Ronnefeldt seine TeaAcademy für die gehobene Hotellerie und Gastronomie mit Trainingseinheiten in Frankfurt, Dubai und auf Sri Lanka. Die Akademie ermöglicht eine bislang weltweit einzigartige Ausbildung für Führungskräfte im Food-and-Beverage-Bereich – für jene Menschen also, die sich in Hotellerie und Gastronomie mit Essen und Getränken um das Wohl der Gäste kümmern. Zugelassen werden nur Mitarbeiter aus der Praxis, die schon eine gewisse Berufserfahrung haben und eine Leidenschaft für Tee mitbringen.

In einer ersten Ausbildungsstufe gilt es, den Grad des TeaMaster Silber® zu erlangen. Dafür müssen die Teilnehmer nach einer mehrtägigen Intensivschulung, in der sie unter anderem achtzig verschiedene Teesorten verkosten, eine umfangreiche schriftliche Prüfung ablegen und auch den Praxistest bestehen: die „Blindverkostung" von zwanzig Tees. Keine leichte Aufgabe.

Die nächste Ausbildungsstufe bietet die Möglichkeit, sich anschließend zum TeaMaster Gold® ausbilden zu lassen. Vorausgesetzt, man schafft das siebentägige, anspruchsvolle Intensivtraining in Theorie und Praxis auf Sri Lanka. Die Ausbildung beinhaltet einen Streifzug durch alle wichtigen Teeanbaugebiete sowie die Ernte- und Verarbeitungsprozesse, Verkostungstechnik, Zubereitungs- und Präsentationsformen und Train-the-Trainer-Coaching für den Hotelbetrieb.

AUS DER MAINMETROPOLE
UM DIE WELT

1823 machte sich in Frankfurt am Main ein Mann auf, um feinen Tee aus Asien in ausgesuchte Hotels zu bringen. Es war die Zeit der Teegesellschaften in Europa. Dichter und Denker, wirtschaftliche, wissenschaftliche und politische Größen kamen zusammen und tauschten sich aus. Tee war das angesagte Getränk dieser Kreise. Da diese häufig in den ersten Grandhotels, Gast- und Kurhäusern, Schlössern und auf Landsitzen gastierten, wollte der Frankfurter Kaufmann sie auch dort mit dem Besten versorgen. Ein Abenteurer, fraglos, bedenkt man, dass die Stadt in Hessen weit entfernt von den Häfen der deutschen Hansestädte liegt, an deren die Waren aus Indien, China und von den Gewürzinseln anlandeten. Der Teefreund ließ sich von solch widrigen Umständen nicht abhalten und gründete sein Teehaus „Johann Tobias Ronnefeldt, Neukräme K.100, in allen Gattungen Thee, ostindische Manufakturwaren, Cigarren und andere ost- und westindische Produkte". Schon die Länge des Namens ließ früh keinen Zweifel am ambitionierten Plan zur dauerhaft angelegten Unternehmung. Und die weitere Entwicklung gab dem Gründer Recht: Heute ist das Teehaus Ronnefeldt international ein führender Lieferant von erlesenen Tees für die 4- und 5-Sterne-Hotellerie und Gastronomie.

IN BESTER GESELLSCHAFT

Einen Teamaster Gold zu treffen, macht schon deshalb Freude, weil ihm die Begeisterung für Tee aus den Augen strahlt. Dazu muss man sich nicht unbedingt in einem 5-Sterne-Hotel einbuchen. Viele gute Häuser bieten zauberhafte Teeveranstaltungen, die auch für kleinere Geldbeutel erschwinglich sind.

Vom rundum britischen English Afternoon Tea bis zum High Tea mit lässiger Avantgarde-Modenschau und feinen Naschereien oder auch als kühle Eistee-Variante an einem heißen Sommertag. Nicht nur Teekenner nehmen die Gelegenheit gerne wahr, aus einem besonders erlesenen Teeangebot zu wählen; auch Neulinge nutzen die Chance, sich gut beraten und rundum verwöhnen zu lassen.

Entsprechend lang ist manchmal die Warteliste, da die Veranstaltungen oft nur zu ausgesuchten Zeiten stattfinden. Es lohnt sich, Ausschau nach einem Haus mit einem Teamaster zu halten. Am besten, man fragt gleich nach dem nächsten High-Tea-Termin.

AFTERNOON TEA – HIGH TEA

Eine Herzogin soll einst den britischen Afternoon Tea etabliert haben. Weil Anna Russell, 7. Duchess of Bedford (1783–1857), die Zeit zwischen Mittag- und Abendessen zu lang wurde, hatte sie ihr Personal eines Nachmittags angewiesen, Tee mit leichten Snacks zu servieren. Begeistert vom neuen Zeitvertreib lud sie bald Damen der feinen Gesellschaft zu sich ein, die ihrerseits dafür sorgten, dass sich das Ritual schnell verbreitete.

Anders als beim Afternoon Tea geht es beim High Tea in der britischen Teekultur etwas opulenter zu. Zum Tee wird eine Mahlzeit mit verschiedenen kalten Zutaten wie Braten, Huhn, Gemüse und Salaten sowie Früchten und Kuchen gereicht.

Der Tee selbst kam schon sehr viel früher durch holländische Seefahrer nach England. Auch die Infantin Katharina von Braganza aus Portugal, die 1662 zur Hochzeit mit König Karl II. anreiste, bereitete den englischen Teeweg. Sie hatte eine beträchtliche Mitgift und ihren geliebten Tee im Gepäck. Die spätere Queen Anne (1665 – 1714) soll den Tee dann endgültig zum königlichen Getränk erhoben haben, als sie entschied, Tee statt Bier zum Frühstück zu nehmen.

Ins französische Königshaus zog der Tee ebenfalls Mitte des 17. Jahrhunderts ein. Sonnenkönig Ludwig XIV. hatte ihn zum Hof befohlen, unbeeindruckt von den Mahnungen der medizinischen Fakultäten Frankreichs. Diese hatten vor der neuen Droge gewarnt, wohl auch deshalb, weil sie den Weinbauern den Rücken stärken wollten, die wegen der ins Land schwappenden heißen Aufgussgefahr anfangs um ihre Existenz fürchteten. Die letzten 350 Jahre haben bewiesen: Teetrinker stellen kein Risiko für Weinberge dar; und viele von ihnen genießen auch gerne deren feine Schätze.

In Europa sorgten seit Beginn des 17. Jahrhunderts zunächst vor allem die Holländer für die Einfuhr von Tee. Mitte des 17. Jahrhunderts gelangte er mit den Schiffen der Holländischen Ostindien-Kompanie auch nach Ostfriesland, wo sich im Laufe der Zeit eine

Teekultur entwickelte, die selbst vom Preußen-König Friedrich II. nicht unterbunden werden konnte. Er hatte 1778 ein Edikt gegen das teure „chinesische Kraut" verfügt. Stattdessen sollten die Menschen auf Pflanzen aus dem eigenen Land zurückgreifen und Bier brauen. Doch die Ostfriesen fügten sich nicht, sondern stellten ihre Teeversorgung flugs durch Schmuggel sicher. Erfolgreich – zwei Jahre später gab der König sein Vorhaben auf.

Ebenfalls Mitte des 17. Jahrhunderts erreichte der Tee auf beschwerlichen Landwegen auch Russland. Ein Jahrhundert später avancierte er zum russischen Nationalgetränk und ist es bis heute.

GESCHMACKSTRAINER FÜR TEENOVIZEN

Wer seine Feinschmeckertalente für Tee entwickeln möchte, kann seine Geschmackswahrnehmung trainieren. Ein einfacher erster Schritt ist es, sich möglichst oft ausschließlich auf das zu konzentrieren, was man an Essen und Getränken zu sich nimmt.
Man könnte es auch eine Achtsamkeit im Kulinarischen nennen. Wer nicht bewusst
konsumiert, nimmt sich die Chance wirklich zu genießen und weniger Gutes als solches zu erkennen. Schnell hat er sich dann an das weniger Gute gewöhnt und seine
Geschmackswahrnehmung empfindlich beeinträchtigt.

Ein bisschen Zucker, um den Geschmack der einen oder anderen Köstlichkeit zu ver-
stärken, darf und sollte auch sein, so lange man den Gesamtkonsum nicht aus den
Augen verliert. Zu einem echten Ostfriesentee gehören Kluntje und flüssige Sahne unbedingt dazu. Doch vielleicht haben Sie Lust, Ihr erstes sehr bewusstes Rendezvous
mit dem Tee pur zu beginnen? Sie sollten diese Zeit ohne Ablenkung nur mit Ihrem
Tee verbringen, PC, TV, Musik und auch das Handy abschalten. Am besten, Sie geben
in Ihrem Umfeld beizeiten an, dass Sie sich in der von Ihnen gewählten Stunde zur
Kontemplation im Tea-Spa befinden.

Beginnen Sie mit einer Teesorte, die Ihnen zusagt. Vielleicht ein Assam, ein Darjeeling
oder ein grüner Jasmin? In jedem Fall sollte es ein Blatttee oder ein guter Broken sein.
Bereiten Sie ihn nach Anleitung zu und füllen Sie ihn in ein helles, feines Teegeschirr.
Zum anschließenden Vergleich können Sie auch etwas Tee in eine dicke dunkle Bechertasse geben und einen Teil des Tees etwas länger ziehen lassen. Bevor Sie trinken,
schauen Sie sich die Tassenfarbe an und schnuppern Sie den Duft Ihres Tees. Vielleicht
erinnert er Sie an etwas? Wie würden Sie Farbe und Duft beschreiben? Nehmen Sie dann
mit geschlossenen Augen einen Schluck und behalten Sie ihn eine Zeit lang im Mund.
Was schmecken Sie? Wo kommt der Geschmack an? Wie empfinden Sie die Aromen? Ist
die Temperatur gut oder sollte sie kälter, heißer sein?

Beschreiben Sie den Geschmack auch nach dem Schlucken und spüren Sie Ihrem Tee nach. Was passiert in Ihrem Körper? Wie fühlen Sie sich? Kosten Sie weiter mit geöffneten Augen. Ist da ein Unterschied? Und wie schmeckt Ihnen der Tee aus der Bechertasse? Wie unterscheidet sich der Geschmack des kurz gezogene Tees von dem mit längerer Ziehzeit?

Probieren Sie den Tee ruhig auch einmal mit Zucker, um den Unterschied zu schmecken. Trinken Sie die gleiche Sorte in den nächsten Tagen häufiger. Sie werden vielleicht feststellen, dass er Ihnen zu verschiedenen Gelegenheiten auch unterschiedlich schmeckt. Erweitern Sie Ihr Teesortiment nach und nach um die Sorten, von denen Sie glauben, dass sie zu Ihnen und Ihren unterschiedlichen Geschmacksbedürfnissen passen. Und gehen Sie regelmäßig ins Tea-Spa. Mit oder ohne Begleitung.

FÜR DEN NATÜRLICHEN GESCHMACKSSINN

Der angeborene Geschmackssinn ist sehr fein, er gewöhnt sich jedoch schnell an das, was man ihm regelmäßig zu kosten gibt und verliert im ungünstigen Fall seine ausgeklügelten sensorischen Eigenschaften. Aus diesem Grund sollte man ihn nicht dauerhaft überstrapazieren und bedenken:

▌ Künstliche Geschmacksverstärker, die ständig konsumiert werden, reduzieren das natürliche Geschmacksempfinden.
▌ Ein zu hoher Zuckerkonsum, aber auch sehr salzige oder sehr scharfe Ernährungsweisen nehmen dem Geschmackssinn sein feines Gespür.
▌ Zu viel Alkohol, vor allem Hochprozentiges, kann die Mundflora und damit die Geschmacksknospen schwächen.
▌ Gleiches gilt für das Rauchen.

DAS WICHTIGSTE AUF EINEN BLICK

Teataster sind exzellente Feinschmecker mit hoher Sachkenntnis und großem Erinnerungsvermögen. Sie sind im Auftrag von Teehandelshäusern unterwegs, prüfen Teeernten, verhandeln Preise, kaufen für ihr Unternehmen die Tees ein, die sie für ihr ausgewähltes Sortiment benötigen und sie entwickeln neue Teemischungen (Blends).

Teamaster sind ausgebildete Mitarbeiter aus dem Food-and-Beverage-Bereich (F&B) der gehobenen Hotellerie und Gastronomie. Sie sind Experten in der Teeberatung gegenüber Gästen und zugleich kreative Tea-Event-Manager.

Die Ronnefeldt TeaAcademy ist die bislang weltweit einzige Akademie, die talentierten F&B-Mitarbeitern ein umfassendes Wissen in Theorie, Praxis, Präsentation und Train-the-Trainer-Coaching vermittelt und die Absolventen in hoher Teekultur und auch im Tea-Event-Management schult.

Der Geschmack ist eine rundum sinnliche Angelegenheit. Zunge, Nase, Tastsinn, Gehör, Temperatur- und Schmerzempfinden (z. B. zu heiß/zu kalt) wie auch kulturelle Prägung und Erfahrungen beeinflussen ihn.

Den feinen Geschmack kann man trainieren, indem man natürliche, frisch zubereitete Speisen und Getränke bewusst genießt und künstliche Geschmacksverstärker sowie Fertiggerichte mit Zusatzstoffen möglichst meidet.

87

WILLKOMMEN IN DER TEALOUNGE

Die Wege in Tealounges führen in luxuriöse Hotels, durch bekannte Geschäftszentren und prächtige Boulevards, aber auch zu kleinen Teewelten, die versteckt in pittoresken Gassen liegen, oder hoch hinauf in architektonische Meisterwerke, die in den Metropolen der Welt an den Wolken kratzen. Modern oder traditionell, spezialisiert oder mit einem umfangreichen Teeangebot – in weiten Teilen Europas, in Afrika, Asien, in Nord- und Südamerika wie in Australien – Tealounges gibt es fast überall auf der Welt.

In den gemütlichen Teeoasen spielt es keine Rolle, ob draußen die Sonne vom Himmel brennt oder ein Schneesturm fegt. Es sind Orte, die einladen, innezuhalten und das wunderbare Dasein, das uns das Leben schenkt, bei einem guten Tee zu genießen. Lounges in Hotels und Restaurants mit ausgesuchtem Teeangebot bieten von kleinen Köstlichkeiten bis zur exquisiten Speisenfolge alles, was den Teegenuss kulinarisch hebt. Auch Tealounges, die ihre Einladung zum Tee mit einem Verkaufsangebot verbinden, haben ihren besonderen Reiz. Sie verführen zum Kennenlernen neuer Sorten, ohne dass man ganze Packungen erstehen muss, und wenn das Personal teebegeistert und gut ausgebildet ist, bleibt keine Frage rund um das schöne Getränk offen.

Einerlei ob man alleine, mit Freunden oder mit Kollegen eine Tealounge betritt, jeder findet hier genau den Platz, den er braucht, um sich rundum wohlzufühlen. Ist man für sich, kann man sich am Spiel der eigenen Gedanken freuen, ein bisschen träumen, Pläne schmieden. Manch einer kommt in die Tealounge, weil er bei seinem Lieblingstee ungestört die Zeitung lesen, ein paar Notizen zu Papier bringen oder sich auf einen wichtigen Termin einstimmen möchte. Gemeinsam mit Geschäftspartnern lassen sich neue Vorhaben in entspannter Atmosphäre leicht und gut besprechen. Begleitet von einer Freundin plauscht man ein wenig oder verfolgt das Leben rund um den Tee. Viele Lounge-Besucher lieben es, einfach nur zu sitzen, Tee zu trinken und ein bisschen umherzuschauen. Vielleicht ist es die Asiatin, der sie gerne zusehen, wenn sie

vor einer Sammlung hübscher kleiner Teekännchen steht und mit viel Bedachtsamkeit ihren japanischen Tee für ihre Gäste bereitet. Vielleicht ist es das multikulturelle Hotelpublikum, das jede Fremdheit verliert, wenn man sich von Pianoklängen getragen über Teetassen hinweg ein Lächeln schenkt. So manche nette Bekanntschaft nahm ihren Anfang in einer Tealounge, und Freundschaften ganzer Gruppen werden hier zelebriert. Elegant zum Bridge oder Gentlemen's Tea, locker-fröhlich im jungen Freundeskreis bei Smooth-Jazz, zu festlichem Anlass oder zum Afterwork-Tea mit anderen aus der eigenen Branche. In manchen Tealounges findet man sofort gleichgesinnte Puristen, in anderen locken aromatische Vielfalt und neue Trends. Teefreunde jeden Alters finden sich ein.

Da mischt sich der feine ältere Herr mit der Künstlerkappe täglich unters Jungvolk der angesagtesten Tealounge der Stadt. Eine Tealounge weiter sind zwei Ehepaare regelmäßig zu Gast, um die neuesten Teekreationen zu kosten, und andernorts genießt eine Geschäftsfrau eine Stunde nur mit dem Tee und sich. Welche Gründe auch immer die Menschen dazu bewegen, eine Tealounge zu besuchen – alle fühlen sie sich schnell sehr wohl, und so mancher Reisende vergisst seine Sehnsucht nach der fernen Heimat für den schönen Moment. Wer Tee trinkt, ist überall zu Hause.

UNTER EIGENEN STERNEN ZU HAUS UND IM GARTEN

Rund um das Thema Tee können Sie auch zu Hause kleine und große Feste feiern. Vom Teabrunch über den kunterbunten Früchtetee-Kindergeburtstag bis zum regelmäßigen High Tea mit besten Freunden, einem eisteegekühlten privaten After-Work-Treffen mit Kollegen oder der Tea-Cocktail-Variante unterm Sternenhimmel im eigenen Garten.

Jede Tageszeit und jede Jahreszeit bietet eigene Möglichkeiten, die Sie kreativ nutzen können, um sich selbst und anderen ein paar herrliche Stunden zu bereiten. Begrüßen Sie das junge Jahr im Frühling mit einem First-Flush-Empfang, den Sommer mit den Aromen von Pfirsich, Mango und Birne. Laden Sie im Herbst zu allerhand Teegeschichten ein und im Winter in den Schnee, heiß mit würzigem Tee.

Oder denken Sie sich Ihre ganz eigenen Teeveranstaltungen aus. Kredenzen Sie zum Beispiel Ihre Lieblingstees nach Themen. Feiern Sie ein Indian-Summer-Fest im Herbst mit Darjeeling autumnal, eine Jasminblüten-Sommerparty mit Grüntee-Träumen oder laden Sie zum „Abend in Weiß", mit eigener Kunstausstellung bei Pai Mu Tan und Silbernadeln. Weitere Tee-Fest-Ideen finden Sie auf Seite 110.

TEE ZWISCHEN PERLEN UND PROMILLE

Es gibt ein paar Extremisten unter den Teekreationen, die sehr lecker sein können, andere sorgen eher für Befremden. Zu letzteren gehört der Bubble Tea. Teepuristen schüttelt bereits der Gedanke an die fischlaichartig schleimige Konsistenz der extrem süßen Perlen in diesen knallig bunten Teemixturen. Die Perlen bestehen meist aus Tapioka, einer Speisestärke aus der Maniokwurzel, oder es sind mit Fruchtsirup gefüllte Geleekugeln, die zerplatzen, wenn man auf sie beißt. Nichts für Kleinkinder, die schnell daran ersticken können. Der immens hohe Zuckergehalt, mögliche enthaltene Azofarbstoffe, künstliche Aromen und Sorbinsäure empfehlen die gekaufte Variante auch für Heranwachsende nicht.

Teemitnehmangebote im Allgemeinen, auch wenn sie nicht bubblen, verwerfen echte Teegenießer in der Regel samt Papp- oder Plastikbecher aus ihrem Bereich des Möglichen, erst recht, wenn deren Basis Pulvertees sind. Je nach individueller Notlage lassen sie sich aber auf eine Lösung mit Teeblatt im großen Teebeutel ein, beispielsweise dann, wenn sie handtuchumhüllt im Spa-Bereich eines Hotels zu Gast sind und ein formschön designter, stabiler und bruchsicherer Henkelbecher in der Barfußzone das riskante Glas und Geschirr ersetzt.

Andernorts bestimmt der Alltag die Notlösung. So führen zum Beispiel einige chinesische Taxifahrer im Transportbehältnis Teeblätter mit, die sie über den Tag immerzu aufgießen, während sie sich nervenstark in Shanghai durch die unfassbare Dichte an Räderwerk schlängeln.

Zum Kultgetränk aufgestiegen und auch ein bisschen aus Bollywood herübergeflimmert ist der Chai Latte, in dem nicht nur zwei Sprachen zueinander finden, sondern auch verschiedene Zutaten. Sein Vorbild ist der Masala Chai aus Indien. Das Wort „Masala" bezeichnet ganz allgemein verschiedene Gewürzzubereitungen, wie sie zum Beispiel auch für Currys verwendet werden. Ein Masala Chai besteht aus schwarzem Tee, Milch, Zucker und Gewürzen wie Kardamon, Ingwer, Pfeffer, Zimt, Lorbeer, Nelken und Muskat. Jede indische Familie hat ihr eigenes Rezept, nach dem sie ihren Chai mischt. International zog der Chai Latte die Aufmerksamkeit auf sich, als ihn Kaffeehausketten ins Angebot nahmen. Schnell stieg die Zahl seiner Fans, weil er ihnen schmeckt und manchem den Cappuccino ersetzt. Zum Selbstanrühren auf Basis von Tee- und Milchpulver gibt es ihn mittlerweile auch im Handel zu kaufen – selbstredend nichts für Teekenner. Ein wirklich guter Chai Latte verlangt nach besten Teeblättern und Gewürzen.

Unter deutschen Jung-Pfadfindern kennt man eine abgewandelte Variante, den Tschai, ohne Milch, dafür mit Äpfeln, Zimtstangen, Orangen, Zitronen und Nelken; einige ältere Wegeforscher geben eine Flasche Rotwein oder Rum dazu. Tee mit Rum oder Grog findet sich auch an den stürmischen Gestaden im hohen Norden oder hüttenzauberhaft serviert im schneebedeckten alpinen Land.

In Irland und in Schottland trinkt man dagegen gerne einen Whisky im Schwarztee. Das mag der rauen Landschaft geschuldet sein und möglicherweise auch der Historie, sagt doch ein altes gälisches Sprichwort: „Die beste Heilung gegen einen Kater ist, noch einmal zu trinken."

CHAI LATTE – DIE SCHNELLE, EDLE VARIANTE

Man nehme eine fertige Chai-Mischung aus feinem schwarzen Tee und ausgesuchten Gewürzen, bereite daraus nach Vorschrift einen starken Tee, gebe ein wenig heiße Milch in die Tassen und einen Schuss Ahornsirup hinzu und gieße alles mit dem Chai auf. Zur Krönung darf das frisch geschäumte warme Milchhäubchen nicht fehlen. Eine gute Chai-Mischung zeichnet sich dadurch aus, dass der Geschmack des schwarzen Tees nicht vollständig von den Gewürzen überdeckt wird.

Ganz und gar lyrisch hat der deutsche Dichter Heinrich Heine das Hochprozentige im Tee 1844 in seinen Versen „Deutschland. Ein Wintermärchen" beschrieben: „Die Göttin hat mir Thee gekocht und Rum hineingegossen; Sie selber aber hat den Rum ganz ohne Thee genossen".

Moderne Teecocktails präsentieren sich mit einer ganzen Reihe Alkoholika, vom weißen Rum, Wodka, Gin oder Orangen- und verschiedenen Creme-Likören bis zum Sekt und feinen Champagner.

EIN TEESORTIMENT FÜR ALLE FÄLLE:

Gut gelagert hält Tee sehr lange. Eine ideale Voraussetzung, um sich zu Hause und im Büro ein kleines Teesortiment zu bevorraten. Für jeden Geschmack und jeden Besucher sollte etwas Ausgesuchtes dabei sein.
Zum Beispiel:

- schöner Darjeeling
- feiner Assam
- English Breakfast Tea
- Earl Grey
- exzellenter Grüner
- edler Oolong
- zarter Weißer
- kleine Auswahl an aromatisierten Sorten
- köstlicher Rooibos
- kleine Auswahl an Kräuter- und Früchtetees

98

99

DAS WICHTIGSTE AUF EINEN BLICK

Verwöhntage und exklusive Teestunden kann man auch ohne Übernachtung in sehr guten Hotels buchen. Anlässe sind zum Beispiel: Afternoon Tea, High Tea, Ladies' Tea, Gentlemen's Tea.

Zu Hause lassen sich wunderbare Teefeste feiern, zu jeder Tageszeit übers ganze Jahr zu vielen Gelegenheiten.

Auch bei angesagten Lifestyle- und Kult-Tee-Getränken sollte man auf hohe Qualität und geprüfte Inhaltsstoffe achten.

Kinder lieben Tee, bunt und verspielt. Eine gesunde Variante ist ein bunter Früchtetee mit echten frischen Früchten, die man in Eiswürfel einfriert oder ein heller Tee, in dem bunte Eiswürfel aus Früchtetee schwimmen. Um verschiedene Formen zu bekommen, kann man zum Beispiel das Plastikinnenteil einer Pralinenschachtel verwenden.

Je besser der Tee und die Gewürzmischung, desto besser der Chai – und frisch geschäumte Milch muss einfach sein.

Tee in alkoholisierter Form gibt es heiß mit weißem und braunem Rum, Wodka, Gin oder auch kalt serviert, zum Beispiel mit Champagner.

ZARTE DARBIETUNGEN

Sechs kleine Dinge garantieren den rundum großen Teegenuss: Tee von hoher Qualität, die sichere Lagerung, die richtige Zubereitung, die optimale Ziehzeit, das passende Geschirr und ein Rahmen, der zum Wohlfühlen einlädt.

DIE TEEQUALITÄT

Mit guten Blatt- und Broken-Qualitäten, die auf orthodoxe Weise in Handarbeit herge- stellt wurden und aus kontrollierten Teegärten in besten Lagen stammen, schafft man die ideale Basis.

DIE SICHERE LAGERUNG

Tee sollte immer gut verschlossen, trocken, lichtdicht und vor Wärme geschützt gela- gert werden. Loser Tee ist am besten in Teedosen aufgehoben, die perfekt schließen, weil er so sehr lange frisch und aromatisch bleibt. Wichtig ist es, die Dosen stets mit dem gleichen Tee zu befüllen oder sie gründlich zu reinigen, bevor man eine neue Sorte hineingibt. Auch Teebeutel muss man trocken, licht- und luftgeschützt aufbewahren, sofern sie nicht schon in einer besonderen Aromaschutzverpackung stecken. Die Lage- rung von verschiedenen aromatisierten Teesorten in einer großen Teekiste empfiehlt sich nicht, wenn die Verpackungen bereits geöffnet sind, da Tee generell sehr leicht andere Aromen annimmt. Auch wenn Sie nur eine Sorte bevorraten, sollte diese nicht in der bereits geöffneten Packung bleiben, denn egal, welche Geruchsquellen sich in der Nähe finden, der Tee wird sein Aroma verändern.

DIE RICHTIGE ZUBEREITUNG

Die Zubereitung eines guten Tees ist im Grunde sehr einfach, und doch wird Tee oft falsch behandelt.

ERSTE REGEL: Teeblätter brauchen viel Platz, damit sie ihr volles Aroma entfalten können. Winzige Teebeutel werden Sie ohnehin nicht im Haus haben, wenn Ihnen die genannten Blattqualitäten am Herzen liegen, und das alte Teeei liegt sicher auch schon in der Kiste mit den Osterstrauchutensilien. Tee gibt sein Bestes nur im direkten Kontakt mit dem Wasser, in komfortabler Variante in einem großen Filter, in dem die Teeblätter sich frei bewegen können. In modernen Teekannen ist ein solcher Filter bereits integriert.

ZWEITE REGEL: Tee wird überbrüht. Zuerst kommt der Tee in die Kanne, dann wird das heiße Wasser aufgegossen. Warum nicht umgekehrt? Tee ist ein Aufgussgetränk. Er zieht es vor, von Wogen umspült auf und nieder zu schweben und sein Aroma von Anfang an über den ganzen Kanneninhalt zu verteilen.

Exklusiv in sehr guten Hotels oder in der gehobenen Gastronomie gibt es moderne Lösungen für die Darreichung vorportionierter loser Tees wie beispielsweise Leaf-Cup® oder Tea-Caddy® – extra große Teenetze aus natürlichen Fasern, die mit einem Reiter versehen sind, den man am Tassen- oder Kännchenhenkel einhängen kann. Für den Restaurantbetrieb ist das ideal. Auch der Gast freut sich über den Reiter, der ihn davor bewahrt, mit Teeflecken auf der hellen Oberbekleidung zum wichtigen Geschäftstermin zu erscheinen. Denn so muss er sich einmal nicht darin versuchen, ein versunkenes Teebeutelschildchen zu retten, dessen Anhängsel eine irritierend wilde Eigendynamik entwickelt, bis einem schließlich der Faden reißt. Zu Hause in Ihrer heimischen Kanne ist der lose Tee nicht nur überaus frei, diese Art der Zubereitung hat auch den Vorteil, dass Sie die Teeblätter weiterverwenden können, wenn Sie dies mögen. Zum Beispiel als Blumendünger, Haarspülung oder als kleines Naschwerk für den guten Kompost.

ZUCKER UND MILCH

- Weißer loser Zucker und weißer Kandis passen zu allen Tees und sollten vor allem zu zarten grünen und weißen Sorten sowie zum Darjeeling gereicht werden, wenn man diese gesüßt mag.
- Kräftige malzige schwarze Teesorten wie Assam vertragen auch das Karamellaroma eines braunen Kandis sehr gut.
- Milch passt nur zu Assam, Ceylor-Tee und Chai.
- Leichte und feine Tees genießt man besser ohne Milch.
- Flüssige Sahne ist für kräftige und schwarze Tees geeignet. Besonders beliebt: das „Wulkje" in der klassischen Ostfriesentee-Zubereitung.

ZITRONE UND SÜSSSTOFF

Wenn der Genuss im Vordergrund steht, sollte man sich gegen Zitrone im Tee entscheiden, da ihre Säure den feinen Teearomen keine Chance lässt. Besser ist es, Tee pur zu genießen und, im Fall einer Erkältung, einfach einmal eine reine heiße Zitrone zu trinken.

Auch Süßstoffe beeinträchtigen den Teegeschmack sehr. Wer Tee nicht ungesüßt trinken, aber Zucker sparen möchte, sollte eine zarte oder auch fein aromatisierte Teesorte wählen, die weniger Süße braucht als beispielsweise eine kräftige Schwarzteemischung.

DIE OPTIMALE ZIEHZEIT

Teebegeisterte können ganze Nächte über Ziehzeiten von Tees philosophieren, und ohne Teeuhr geht selbst bei sehr erfahrenen Teefreunden nichts. Grundsätzlich kann man sagen, dass sich die Ziehzeiten von schwarzen und grünen Tees unterscheiden. Auch die Wirkung eines Tees hängt von ihr ab. So regt schwarzer Tee, der maximal drei Minuten zieht, eher an, während bei einer längeren Ziehzeit diese Wirkung verloren geht. Bei grünem Tee kann bereits nach einer Ziehzeit ab zwei Minuten der Effekt der Anregung nachlassen. Kräuter- und Früchtetees sollten grundsätzlich mit sprudelnd kochendem Wasser aufgebrüht werden und mindestens fünf Minuten im Teewasser verbleiben.

TEEDOSIERUNG

Blatttee = 1 leicht gehäufter Teelöffel pro Tasse

Broken = 1 gestrichener Teelöffel pro Tasse

WASSERQUALITÄT

In vielen Regionen ist das Wasser sehr kalkhaltig. Dieses harte Wasser und ein feiner Tee vertragen sich nicht, da der Kalk dem Geschmack zusetzt. Mit einem einfachen Wasserfiltergerät kann man sein Wasser aber problemlos und schnell enthärten. Einige Tees, wie beispielsweise Assam, vertragen auch kalkhaltiges Wasser.

WASSERTEMPERATUR

Schwarze Tees, Kräuter- und Früchtetees immer mit sprudelnd kochendem Wasser übergießen. Für grüne und weiße Tees das gekochte Wasser vor dem Aufgießen auf ca. 80 °C herunterkühlen lassen. Wer den Vorgang beschleunigen will, füllt das kochende Wasser zunächst in eine Kanne und überbrüht damit den Tee in einer zweiten Kanne.

DAS PASSENDE GESCHIRR

Während die Wahl der Trinkgefäße sehr unterschiedlich ausfallen kann, ist am dicken Bauch der Kanne nicht zu rütteln, er muss einfach sein, damit sich die von den Teeblättern freigegebenen Aromen und Farbstoffe gleichmäßiger im Wasser verteilen und nicht einfach zu Boden sinken. Auch eine tropffreie Tülle macht Freude.

Teekannen gibt es in den unterschiedlichsten Materialien, vom Porzellan über Messing, Glas, Ton und Silber oder Gusseisen bis hin zum Kännchen aus Jadestein. Wichtig bei allen Gefäßen auf der Basis von Tonmineralien (z.B. Steingut, Keramik, Porzellan) ist eine rundum gute Glasierung.

Viele Teetrinker bevorzugen Kannen und Geschirr mit weißer Innenfläche, weil die Farbe des Tees für sie so am schönsten und reinsten wirkt. Andere mögen ihren Tee am liebsten aus ihrem großen Teeglas, wieder andere können nur schwer ohne ihre chinesische Deckeltasse sein.

Das Trinkgefäß sollte dem Tee gerecht werden, darüber hinaus aber auch Rücksicht auf die Bedürfnisse der Gäste nehmen. Ein hübsches zart durchscheinendes Teetässchen mit einem allerliebsten Hauch von Henkelchen und dem Fassungsvermögen eines Eierbechers passt möglicherweise nicht zu der Hand des Hünen, der Ihr Bruder ist. Vielleicht bewirten Sie auch den englischen Kollegen, der für ein paar Monate in Deutschland arbeitet, und möchten ihm das Heimweh ein wenig vertreiben, indem Sie ihm den English Breakfast im Mug, einem robusten Henkelbecher servieren, den Sie eigens mit Union-Jack-Dekor versehen ließen.

GESCHIRRPFLEGE

Immer wieder liest man, dass Teekannen nicht gespült werden dürfen. Das stimmt zumindest dann nicht, wenn sie aus glasiertem Material sind. Wichtig ist nur, dass sie nach dem Reinigen sorgfältig mit heißem Wasser ausgespült werden, um auch die letzten Spülmittelreste vollständig zu beseitigen. Auf keinen Fall sollte man jedoch dieselbe Kanne für Kaffee und Tee verwenden. Das Kaffeearoma ist intensiv und haftet an vielen Kannen, vor allem Thermoskannen, dauerhaft an. Für Tee sollte unbedingt eine eigene Kanne reserviert sein.

WOHLFÜHLEN UND GENIESSEN

Die Teetafel und den Raum rundherum kann man den Anlässen entsprechend wunderschön dekorieren. Zum Beispiel:

- Orchideen, Kamelien und andere Blumen
- Utensilien, die zum Tee passen (Bambusbesen zu Matcha, Fächer und Seidenstickerei-Tischdecke zum Gyokuro und weiteren japanischen Tees)
- selbstgebastelte Teekarten mit Infos rund um den Tee oder die Teecocktails
- bunte Früchte und blühende Kräuter zum sommerlich fruchtigen Eistee
- weiße Blumen, Tischdecken, Servietten etc. zu weißen Teeköstlichkeiten
- oder weiße kleine Kandisberge zum Darjeeling
- Gewürzschnuppergläschen zum Chai Latte
- Deko-Teekesselchen und Platzkarten im Teeplantagen-Design zum Nachmittagstee
- Leuchttürme und Muscheln zum echten Ostfriesentee
- eine Sammlung britischer Dekomaterialien zum echt britischen Afternoon Tee
- einen Samowar zu einem rundum gastfreundlichen Event mit feinen Tees
- Zelt und Sitzkissen im marokkanischen Stil sowie süße marokkanische Köstlichkeiten zu Nana-Minze und Gunpowder
- besten Bollywood-Kitsch zum indischen ganz privaten Filmfestival rund um Assam und Darjeeling
- afrikanische Miniaturtrommeln, Figuren und Schalen zum Beispiel zu Rooibos oder Honeybush
- Zitronellengräser und Zitrusfrüchte zu Sommertees
- Zimt, Nelken, Anissterne, Vanilleschoten und andere Gewürze zur Weihnachtszeit
- verschiedene Teeblätter als Anschauungsmaterial für die folgende private Blindverkostung

Nach Belieben zu ergänzen.

SÜSSE UND HERZHAFTE TEEBEGLEITER

Teegenuss und appetitliche kleine Köstlichkeiten passen wunderbar zusammen. Je nach Gusto und Anlass kann man Süßes oder Herzhaftes wählen – vom kleinen Lustmacher bis zum delikaten Häppchen: Feine Schokoladen, Butterkekse, Pralinen, Muffins, Obsttörtchen, Apfelküchlein, Scones, Tartes oder kleine Pasteten und leckere Mini-Sandwichs mit Lachs, Thunfisch, Ei, Gurke oder Roastbeef und milden Relishes oder Cremes.

Scones sind klassisch britische rundum weiche Gebäcke mit und ohne Rosinen, die reichlich mit Butter und verschiedenen Marmeladen bestrichen werden, zum Cream Tea auch mit Clotted Cream, einem Streichrahm mit beachtlichem Fettanteil. Da Genuss jedoch etwas ist, das sich gewöhnlich nicht im Gewöhnlichen tummelt – der feine Unterschied zur Sucht – dürfen zu besonderen Anlässen ein paar Kalorien mehr die Tee-Festivalkarte schmücken.

FILET IN MINZETEE

Wer bei Kalbsbäckchen in Kamilletee an ein naturheilkundlich behandeltes Jungrind denkt, irrt. Die unerschöpfliche Aromenvielfalt des Tees legt den Gedanken nahe, ihn auch zur Bereicherung der guten Küche zu nutzen. Dünsten, garen, marinieren, in Sud und in Saucen – mit Tee lässt sich vom Fisch über Fleisch bis zum Gemüse vieles aromatisch verfeinern. Ein pikantes Assamtee-Süppchen, in Minzetee eingelegtes Lammfilet, Schellfisch auf Oolong-Risotto, Crème brulée mit Rauchtee oder Earl Grey. Die Meister der Küche haben den Tee für sich entdeckt. Auch zu Hause kann man köstliche Gaumenfreuden zaubern. Zum Beispiel mit einem ausgesuchten Lapsang Souchong.

LAPSANG SOUCHONG –
DER RAUCHIGE ALLESKÖNNER

Der chinesische Rauchtee sollte in keiner Feinschmeckerküche fehlen. Ob edler Fisch oder zarte Fleischfilets –
Lapsang Souchong sorgt für besondere Geschmackserlebnisse und ist auch ein idealer salzfreier Ersatz für
Rauchsalz, wenn man einen eher fein dosierten Einsatz
von Salz bevorzugt und auf das für Rauchsalz typische
Schinkenaroma lieber verzichtet. Rauchtee kann man im
Mörser etwas zerkleinern und ihn als Rauchtee-Mantel
vor dem Anbraten auf Fisch und Fleisch geben oder ihn
zum zarten Pochieren, Dünsten und Dämpfen nutzen.

DAS WICHTIGSTE AUF EINEN BLICK

Tee immer gut verschlossen, trocken, dunkel und vor Wärme geschützt lagern.

Tee am besten mit einem großen Siebeinsatz, wie er in modernen Kannen bereits integriert ist, zubereiten.

Tee ist ein Aufgussgetränk und wird daher immer überbrüht, damit sich sein Aroma von Anfang an gleichmäßig in der Kanne verteilen kann.

Vorportionierter Tee in der Hotellerie und Gastronomie sollte in möglichst großen Teenetzen zur Verfügung stehen.

Man achte auf weiches Wasser und auf die korrekte Wassertemperatur. Schwarzer Tee, Kräuter- und Früchtetees werden mit sprudelnd kochendem Wasser übergossen. Für grüne Tees empfiehlt sich eine Wassertemperatur von ca. 80 °C.

Die Ziehzeit ist sehr wichtig. Sie unterscheidet sich bei grünen und schwarzen Tees (zwei bis fünf Minuten) sowie Kräuter- und Früchtetees (mindestens fünf Minuten).

Weiße Zuckerarten passen zu allen Tees, brauner Kandis aufgrund seines karamelligen Geschmacks nur zu schwarzen kräftig malzigen Sorten. Flüssige Sahne sollte man zu einem echten ostfriesischen Tee reichen.

Zitrone und Süßstoffe gehören nicht in einen guten Tee, sie verfälschen das Aroma.

Das Teegeschirr sollte zumindest Zimmertemperatur haben. Niemals dieselbe Kanne für Kaffee und Tee verwenden.

Die moderne Feinschmeckerküche kommt heute ohne Tee nicht mehr aus.

FREUNDSCHAFT IST EIN TEEAROMA

INSPIRATIONEN AUS EINER GEMEINSAMEN WELT

Einiges trennt Kulturen, die einander fremd sind, und oft glaubt ein Mensch, es sei nicht möglich zum anderen zu finden. Dabei braucht es manchmal nicht mehr als einen Tee. An vielen Orten auf der Welt ist er der Schlüssel, der fremde Türen leise öffnet, zum Eintreten einlädt und die Wege bahnt, die zum Herzen führen.

IM MUTTERLAND DES TEES

Wenn ein Chinese seinem Gast Tee anbietet, drückt er ihm seine Wertschätzung aus. China, das Land, in dem einst der Teeanbau begann, ist auch das mit der ältesten Teekultur. Sie ist geprägt von den drei großen chinesischen Lehren des Konfuzianismus, Taoismus und Buddhismus, die bis heute viele Bereiche des chinesischen Lebens beeinflussen, darunter die Philosophie, die Künste, die Medizin und die Ethik. Das Teetrinken dient in China der Verständigung miteinander. Der Tee schafft die ruhige und versöhnliche Basis für das Gespräch, er hilft extreme Positionen, die sich verhärten könnten, zu überwinden und er bereitet so ganz konfuzianisch den Weg zur goldenen Mitte. Beim kunstvollen Gongfu-Cha-Ritual geht es vor allem um die Freude der Sinne am Genuss, die Farbe des Oolongs, die Geräusche, wenn er in die Trinkschale gegossen wird, seine Aromen und seinen Geschmack – sinnliche Wegbereiter für das philosophische Gespräch, das man während der Teezeremonie führt. Diese wird mit besonderen Utensilien, darunter das oft sehr teure Yixing-Kännchen, aufwändig zelebriert. Es gibt verschiedene andere Zeremonien in diesem bevölkerungsreichsten Land der Welt und auch regional bedingte Vorlieben für bestimmte Tees. Getrunken wird vorwiegend grüner Tee und dieser ungesüßt. Überall in China finden sich Teehäuser, in denen man sich

gerne mit Freunden trifft. Wie stark der Tee mit der chinesischen Kultur verwachsen ist, zeigt die Tradition der Han-Chinesen, in der es bis heute zur Verlobung „Teegeschenke" gibt. Früher hieß selbst der Heiratsvermittler „Teedosenträger" und Tee begleitete auch die ganze Hochzeitszeremonie. In China versinnbildlicht Tee vor allem die Harmonie. So hat man einst die Teekanne auch „Teemutter" genannt, die Tassen waren die „Teekinder". Für die meisten Chinesen steht fest: Es ist leichter drei Tage nichts zu essen, als drei Tage ohne Tee zu sein. Tee ist fester Teil ihres alltäglichen Lebens.

AUF DEM DACH DER WELT

Weit oben im Himalaya-Gebirge erstreckt sich Tibet, die höchstgelegene Region der Welt. Es ist die Heimat des tibetischen Buddhismus und einer eigenen Teekultur. Tee gilt hier als das heilige Getränk Buddhas, entsprechend wertvoll ist er den Tibetern. Die buddhistischen Mönche haben den Tee fest in ihre Rituale eingebunden. Doch auch für die Tibeter außerhalb der Klöster symbolisiert Tee Verehrung und Freundschaft, Reinheit und Glück. Und so bietet der Gastgeber ihn auch seinen Gästen an. Tibetischer Tee wird aus pulverisiertem und zu Ziegeln gepresstem Tee bereitet, von dem ein Teil zerstampft und im heißen Wasser gekocht wird. Die Ziegelteeplatten sind oft mit chinesischen Schriftzeichen und hübschen Ornamenten versehen. Dem Tee wird Salz und Yak-Butter beigegeben, was seinen Namen „Buttertee" erklärt. Es ist ein nahrhaftes und wärmendes Getränk, das für Nicht-Tibeter eher einer Suppe gleichkommt und für manch einen ein bisschen gewöhnungsbedürftig ist. Ziegeltee mit Salz, Milch, Yak- oder Schafsfett ist auch in einem Land bekannt, das stark vom tibetischen Buddhismus beeinflusst ist: der Mongolei. In großen Teilen des ehemaligen Großreichs von Dschingis Khan, dessen weite Steppen zwischen der sibirischen Taiga und den zentralasiatischen Wüsten liegen, ist kein Ackerbau möglich. Milch und Fleisch waren deshalb schon immer die wichtigsten Nahrungsquellen der Mongolen, und auch der Tee gehört dazu.

DEN CHADO ENTLANG ZUM CHAJIN

Kein anderes Land hat den Umgang mit Tee so zur ästhetischen Kunst erhoben wie Japan, das Land des Lächelns und der puristischen Teehäuser aus Bambus und Holz, die meist aus zwei Räumen bestehen. Im ersten Raum wird alles rund um den Tee vorbereitet, während die Gäste draußen durch einen bezaubernden Garten wandeln, im zweiten Raum findet die Teezeremonie statt. Der Teemeister geleitet den Chajin (Teemenschen) mit seiner Teekunst auf den Chado (Teeweg). Die jahrhundertealten japanischen Teerituale sind eng mit dem Zen-Buddhismus verbunden. Tee trinken ist dabei nicht nur rituelle Handlung, vielmehr Innenschau und Weltanschauung zugleich –

ein lebenslanger Weg. Die Teezeremonien können sich über Stunden hinziehen und folgen genauen Regeln zur Handhabung der verschiedenen Teeutensilien. Zu ihnen gehören unter anderem ein Schöpflöffel aus Bambus und der Bambusbesen, Teedose und Teeschalen, ein Gefäß mit frischem Wasser, ein Wasserkessel aus Eisen und ein Teetuch aus Seide, das der Teemeister an seinem Kimonogürtel trägt. Die japanische Teekultur ist mit vielen japanischen Künsten verflochten. Die Dichtkunst gehört dazu, auch die Architektur, die Malerei, die Kalligrafie und die Gartenkunst. „Person der Künste" ist die Geisha, eine umfassend gebildete, charmante und anmutige Unterhaltungskünstlerin, die auch die Teekultur bis ins kleinste Detail beherrscht. Früher waren Geishas die modischen Trendsetterinnen Japans, heute gelten sie als Bewahrerinnen alter Künste und Traditionen. Sie zählen zu den kulturellen Schätzen des Landes, doch schon lange gibt es nicht mehr so viele wie einst, und es ist schon etwas Besonderes, eine Geisha bei einer Feier erleben zu dürfen. Im ganz normalen Alltag braucht der Japaner kein langes Ritual oder einen besonderen Anlass, um Tee zu trinken. Für ihn gehört ein grüner Tee selbstverständlich zu jedem Tag und jedem japanischen Mahl dazu.

ZWISCHEN HIMALAYA UND INDISCHEM OZEAN

Ob man vom Süden in den Norden will oder vom Westen in den Osten – immer sind es weit über 3000 Kilometer, die Indiens Landesgrenzen voneinander trennen. So unterschiedlich all die vielen Religionen, Sprachen und Traditionen in den verschiedenen Regionen sind – so einig sind sich die Inder in Sachen Tee. Die besten Teesorten kommen aus wunderbaren Teegärten im Land der feinen Currys und duftenden Gewürze. Feinste Darjeeling- und Assam-Tees werden allerdings eher in andere Länder exportiert. Noch immer fährt die 1881 in Betrieb genommene Darjeeling Himalayan Railway, eine Schmalspur-Eisenbahn mit Dampflokomotive, die auch als Toy Train bekannt ist. 1999 wurde sie von der UNESCO zum Weltkulturerbe erklärt. Ursprünglich transportierte die

kleine Gebirgsbahn vor allem Tee von der Stadt Darjeeling vorbei an Teegärten und Klös-
tern in die nur 86 Kilometer entfernte, aber mehr als 2000 Meter tiefer gelegene Stadt
Shiliguri. Den Bau der Bahnstrecke hatten die Briten um 1880 in Angriff genommen. Die
ehemalige Kolonialmacht war es auch, die Darjeeling zum Zentrum des bengalischen
Teeanbaus ausbaute und die Teeproduktion im benachbarten Bundesstaat Assam vor-
antrieb. Schon lange wird der Tee aus Darjeeling mit Lastwagen befördert und der alte
Dampfzug wird heute vor allem von irländischen Touristen genutzt, die es sich nicht
entgehen lassen, einen Tee vor Ort zu kosten. Weit verbreitet in ganz Indien sind vor
allem altbekannte heimische Teekreationen. So trinkt man seinen Tee im indischen Teil
des Himalayas gerne gesalzen oder mit Ziegenmilch gemischt, ansonsten oft klassisch
indisch mit Milch und allerlei Gewürzen. Ein Standardrezept für den traditionellen Ge-

würztee gibt es nicht. Grundlage ist ein schwarzer Assam-Tee, dem unterschiedliche Gewürze, Milch und Zucker beigegeben werden. So kann es sein, dass auf einer Reise durch Indien jeder Masala Chai anders schmeckt, jeder auf seine Weise gut. Ein Teeverkäufer, ob auf der Straße oder im Zug, ist stets willkommen, wenn er nur lautstark für seinen heißwürzigen Wachmacher wirbt: „Chai garam masala chaaaaai!".

ÜBER KALTE GEBIRGE UND TAUSENDE FLÜSSE UND SEEN

„Kommst du unerwartet, so bekommst du auf jeden Fall Tee", heißt es in Russland. Es ist das Land, in dem das Kännchen die Samoware krönt. So eisig wie die russischen Winter, so herzlich ist das Verhältnis der Russen zu ihrem heißen Nationalgetränk. Nur „hindurchsehen bis Moskau", der heimlichen Teehauptstadt Europas, wollen sie nicht. Stark muss ihr Tee sein und süß. Ein Samowar gehört unbedingt zur Grundausstattung. In ihm wird das Teewasser erwärmt und über viele Stunden heiß gehalten. Und natürlich wurde der „Selbstkocher", der entweder traditionell mit Holzkohle oder modern elektrisch beheizt wird, einst auch im Land erfunden. Die Schmiede der russischen Samoware ist seit dem frühen 18. Jahrhundert die Stadt Tula in Zentralrussland, südlich von Moskau. Neben ihrem Schmiedehandwerk ist sie auch für ihre Tulaer Lebkuchen (Prjaniki) bekannt.

Das Teekännchen, das auf dem Samowar steht, heißt „Tscheinik". In ihm wird mit einer großen Portion ganzer Teeblätter oder Broken Pekoe und verhältnismäßig wenig Wasser ein sirupartiges Konzentrat vorbereitet. Von diesem Teekonzentrat gibt man etwas in ein Glas und füllt dieses mit dem heißen Wasser aus dem Samowar auf. Das übliche Mischungsverhältnis beträgt 1:3 und hängt davon ab, wie stark man den Tee genießen will. Gesüßt wird er oft mit Warenije, einer Konfitüre, von der manchmal auch einfach nur ein Löffelchen in den Mund genommen wird, um es mit dem Samowar-Tee zu umspülen. Zur russischen Teezeremonie reicht man gerne kleine Köstlichkeiten wie Moskauer Kringel, ein süßes Teegebäck, Blinis mit saurer Sahne oder Prjaniki. Der klassische Karawanentee, der Russland früher über den Landweg von China erreichte, bestand aus chinesischen Schwarztees mit kräftigem, leicht rauchigen Geschmack, heute sind auch Ceylon- und Assam-Tees in der Mischung enthalten. Die russische Gastfreundschaft ist beispiellos, und die selbstkochende Teemaschine darf in keinem Haushalt fehlen. Selbst dann nicht, wenn das russische Herz andernorts zu Hause ist – denn: „Wenn es dazu Tee gibt, ist es überall schön".

WESTLICH UND ÖSTLICH DES BOSPORUS

Auch in der Türkei und von Afghanistan über den Iran bis Kasachstan bereitet man aus Tee zunächst einen starken Sud, den man süßt und dann mit kochendem Wasser aufgießt. Entweder wird dazu wie in Russland ein Samowar benutzt oder man folgt dem Samowar-Prinzip, wie es in vielen türkischen Haushalten üblich ist. Dabei sind zwei Teekannen im Einsatz, die perfekt aufeinander passen – eine größere deckellose Kanne, die als Wasserkessel fungiert und eine kleinere, die auf die untere gestellt wird. In ihr bereitet man ein Teekonzentrat, das durch das kochende Wasser der unteren Kanne erhitzt wird. Ist der Tee fertig, schenkt man etwas von dem Konzentrat aus der kleinen Kanne in die Teegläser und gibt dann das heiße Teewasser aus der großen Kanne dazu. Das Teewasser in der unteren Kanne wird anschließend wieder aufgefüllt und neu erhitzt. In der Türkei wird Tee gerne zum Frühstück getrunken, und auch zu Hauptspeisen oft serviert. Gäste und Geschäftsfreunde empfängt man mit Tee. Türkische Männer trinken ihn in ihren türkischen Teestuben, die sich nicht nur im eigenen Land finden, sondern auch in vielen anderen Orten Europas. Selbstverständlich steht auch in jedem türkischen Geschäft eine Teemaschine bereit.

WÜSTE, IN DER SICH DIE SEELE ERKENNT

Wenn es in der Sahara sehr lange nicht geregnet hat, sagt der Tuareg, dass das ein gutes Zeichen sei, denn je länger es trocken wäre, desto eher würde es regnen. Mit der gleichen ruhigen Zuversicht wartet er, bis sich der tobende Sandsturm legt und begeht seine Teezeremonie; chinesischer Gunpowder mit viel Zucker, der mit einem kleinen Hammer vom Zuckerhut abgeschlagen wird, ein paar Blättern Nana-Minze an heißen Tagen, Wermutkraut an kalten oder auch etwas Zimbelkraut und zu außergewöhnlichen Anlässen manchmal Safran. Drei kleine Gläschen mit schaumigschöner Krone schenkt er dem Wüstenreisenden ein, bevor er ihn unter seinen Schutz stellt. Das erste bit-

ter wie das Leben, das zweite süß wie die Liebe, das dritte sanft wie der Tod. In allen Ländern Nordafrikas wird die maghrebinische Teekultur in ähnlicher Weise zelebriert. Jeder Besuch wird mit dem geschäumten Tee empfangen, und immer ist es Aufgabe des Mannes, ihn zu bereiten.

Oft ist es auch ein schwarzer Tee aus Ceylon, den man in der arabischen Welt genießt. Kontakte zu Geschäftsfreunden folgen dem Motto: „Business is personal" – und selbstverständlich bietet man Getränke an, bei denen der Tee nie fehlt. Inder, die als Gastarbeiter in einem arabischen Land leben oder in arabische Familien eingeheiratet haben, brachten ihre Liebe zu ihren Massala chais mit, sodass auch die würzige Variante hier und dort zu finden ist. Zum Tee, der zu Hause wie in Hotels in hübsch verzierten Teegläsern gereicht wird, isst man gerne frische Datteln; und weil die Kombination aus Tee und Datteln ausgesprochen köstlich ist, erfreut sich seit einigen Jahren ein Ceylon-Tee mit süß-herber Dattelnote, kurz Datteltee genannt, großer Beliebtheit. Besser gestellte arabische Männer begeistern sich auch für feine weiße Tees, und mancher arabischen Frau geht es wie vielen anderen Frauen auf der Welt. Sie haben Freude daran, neue grüne oder Kräuter- und Wellness-Tees auszuprobieren.

INMITTEN VON REGENWÄLDERN UND AMAZONASBECKEN

Südamerikas Teekultur ist eng mit der Geschichte seiner Ureinwohner verbunden. Die beliebtesten Tees sind Mate und Lapacho. Der spanische Konquistador und Gründer von Buenos Aires Pedro de Mendoza beschrieb den Mate Ende des 16. Jahrhunderts als ein aufmunterndes Getränk der Indios. Getrunken wird er dort, wo keine modernen Trinkgefäße zur Verfügung stehen, traditionell aus einer Kalebasse. Kalebassen sind ausgehöhlte, luftgetrocknete Flaschenkürbisse, die als Gefäße im Ganzen und in Teilen auch für Musikinstrumente wie Trommeln oder die Resonanzkörper der bekannten indischen Sitars verwendet werden. Den Lapacho sollen schon die Inkas gekannt haben. Die einst so mächtige Hochkultur beeinflusste weite Gebiete von Ecuador bis Argentinien. Bis heute erhaltene Kulturstätten wie die Ruinenstadt Machu Pichhu in Peru, alte Inkapfade und imposante Terrassenbauten in den Gebirgsketten der Anden erzählen von ihren besonderen Kenntnissen. Sie waren nicht nur geniale Architekten, sie besaßen auch ein umfassendes medizinisches Wissen, das es ihnen bereits zu Zeiten des späten christlichen Mittelalters erlaubte, erfolgreich schwierige Operationen am Menschen vorzunehmen. Zur Behandlung von Wunden und Krankheiten nutzten sie Blätter und Blüten von Pflanzen und auch die Rinden verschiedener Bäume wie die des Pfeffer- und Chinarindenbaumes. Die Südamerikaner trinken miteinander Tee, wenn sie sich treffen, und auch bei traditionellen Riten ist er dabei. Sie schätzen die anregende Wirkung ihres Matetees und die Heileffekte, die sie ihrem Lapacho zuschreiben.

RUND UMS KAP DER GUTEN HOFFNUNG

Südafrika und Tee – das heißt vor allem: Rooibos. Erstmalig schriftlich erwähnt wurde der Tee aus der sagenhaften Landschaft der Cederberge 1772 von dem schwedischen Botaniker Carl Thunberg (1743–1828) in seinem Reisetagebuch „Travels in Europe, Africa and Asia". Wie lange die indigenen Stämme Südafrikas damals das rot-goldene Getränk schon kannten, ist nicht zu sagen. Der Handel mit Rooibos begann 1904 in Südafrika mit dem russischen Kaufmann Benjamin Ginsberg, und es dauerte nicht lange, bis der Anbau der früher wildwachsenden Pflanze kultiviert wurde. Heute ist der „Farmer-Tee" Südafrikas Nationalgetränk, das von allen Menschen, ob reich oder arm, jung oder alt gleichermaßen genossen wird. Ein Kessel mit siedendem Tee steht immer bereit. Traditionell wird der Rooibos in Südafrika ohne weitere Aromatisierung getrunken. Man bereitet ihn mit speziellen Teabags zu, die kleinen Kissen ähneln. Sie werden in das kochende Wasser gegeben. Den Tee trinkt man mit Milch und manchmal auch gesüßt mit etwas Honig. Doch die Südafrikaner wissen noch mehr mit ihrem Rooibos anzufangen. Die gebrauchten Teabags nutzen sie zum Beispiel als Wundauflagen bei Verletzungen oder zum Düngen ihrer Pflanzen. Ein spezielles Teezeremoniell, wie es in manchen anderen Ländern üblich ist, pflegen sie nicht – ihr ganzes Leben mit Rooibos ist Kultur.

IM KÖNIGLICHSTEN INSELREICH EUROPAS

Wenn eine Nation dafür gesorgt hat, dass der Teeanbau auch außerhalb von China kultiviert wurde, dann war es das British Empire, bis zum Anfang des 20. Jahrhunderts die größte Kolonialmacht der Geschichte. Seit Ende des 17. Jahrhunderts hatte man das China-Handelsmonopol, und die Britische Ostindien-Kompanie übernahm den Teehandel über das Meer. Bezahlt wurde das teure Exportgut mit Silber, weil die Chinesen sich kaum für die Waren interessierten, die ihnen die Engländer zum Tausch anboten. Da der Tee und andere Waren in Europa immer beliebter wurden, musste viel Silber aufgebracht werden, das sich die Britische Ostindien-Kompanie über den Verkauf von Opium aus Bengalen an die Chinesen zurückholte. Dies und die Verstimmung der Briten über die chinesischen Handelsrestriktionen führten Mitte des 19. Jahrhunderts zu den beiden Opiumkriegen. Zudem endete das britische Handelsmonopol für China 1834 und andere Nationen stiegen in den Teehandel über den Seeweg ein. So dachte man im Königreich früh über neue Teequellen nach. Die Briten starteten die Teekultivierung in Indien und später auf Ceylon, dem heutigen Sri Lanka. In England eroberte der Tee indes

nach der wohlhabenden Gesellschaft auch die breite Bevölkerung. In der zweiten Hälfte des 18. Jahrhunderts eröffneten die ersten Teegärten in England, der British Afternoon Tea etablierte sich und man veranstaltete Tanztees mit Orchestermusik.

Für viele Briten führt der Weg zum Himmel auch heute noch an einer Teetasse vorbei, heißt es. Meist ist diese gefüllt mit schwarzen Teemischungen, nicht immer sind es die besten, immer aber sind sie sehr stark. Anspruchsvollere Briten legen jedoch durchaus Wert auf einen ausgesuchten English Breakfast oder Earl Grey. Getrunken wird der Tee mit Milch, wobei es zwei philosophische Strömungen zu der Frage gibt, ob zuerst die Milch in die Tasse gehört oder der Tee. Zum Frühstück und am Arbeitsplatz nimmt der Brite seinen Tee gerne aus der ihm vertrauten Henkeltasse, seiner „mug", zum besonderen High Tea ist eher feines Porzellan gefragt, immerhin lebt man im Land der Queen und liest Jane Austen.

Den High Tea zu zelebrieren ist auch im Vereinigten Königreich heute etwas Besonderes, und gerne besuchen die Briten dazu die Lobby eines First-Class-Hotels oder sie genießen ihren Tee samt üppig etagierter Köstlichkeiten im ländlichen Cottage Tea Room. Ganz nach dem Motto „haste makes waste", was im Deutschen etwa dem Sprichwort „Gut Ding will Weile haben" entspricht, trinkt der kultivierte Brite zunächst einen Tee, bevor er sich aufmacht, die Welt zu verändern.

ZUR KÜSTE, AN DER IMMER TEEZEIT IST

Während die Briten auf den Weltmeeren unterwegs waren, kämpften die Ostfriesen an der eigenen Nordseeküste für ihren Tee. Kennengelernt hatten sie ihn bereits im frühen 17. Jahrhundert, als holländische Händler die ersten Lieferungen mit grünem Tee brachten. Schnell wussten die Ostfriesen den Tee, vor allem aber die schwarzen Sorten, zu schätzen. Zuvor sollen sie große Mengen Bier getrunken haben, auch weil das ostfriesische Trinkwasser aus den Brunnen zu jener Zeit meist verschmutzt war und abgekocht werden musste. Mit dem Tee hatten sie die Möglichkeit, den Geschmack des Wassers aufzuwerten. Dass sie ihre Liebe zum Tee auch gegen den „Alten Fritz", König Friedrich II., zu verteidigen wussten, wurde bereits erwähnt. Und selbst in größten Notzeiten fanden sie Wege, an ihren Tee zu kommen – sei es durch Schmuggel oder durch Hamsterfahrten wie jene kurz nach dem Zweiten Weltkrieg, als sie im Ruhrgebiet Butter und Speck gegen Tee tauschten. Die dortigen Bergleute hatten in der teeknappen Zeit als Schwerstarbeiter eine höhere Teeration zugesprochen bekommen als andere Teile der Bevölkerung.

„Drei Tassen Tee sind Ostfriesenrecht", und so viele sollte man mindestens trinken, wenn man in Ostfriesland zum Tee eingeladen wird. Nicht nur unter den Deutschen sind die Ostfriesen bis heute die stärksten Teetrinker – mit ihrem Teekonsum stehen sie auch auf der weltweiten Rangliste auf einem oberen Platz. Zu schaffen ist das nur, wenn man den Tag über oft Tee trinkt, und so erstaunt es nicht, dass es bei den Ostfriesen zwischen frühem Morgen und späten Abend mindestens vier feste Teezeiten gibt. Nicht umsonst heißt es: „Ostfriesische Gemütlichkeit hält stets ein Tässchen Tee bereit". Ein Tässchen mit einer feinen und auch recht starken Mischung von schwarzen Tees aus Assam, Ceylon und Darjeeling. Vor dem Tee jedoch muss unbedingt das „Kluntje", ein großer weißer Kandis, in die Tasse. Der Tee wird aufgegossen, der Kluntje knistert, und gekrönt wird das Ganze mit einem Sahnewölkchen. Dieses „Wulkje" gelingt am schönsten, wenn man die Sahne mit einem kleinen Sahnelöffel vorsichtig vom Tassenrand in den Tee gleiten lässt. Auf keinen Fall darf der Ostfriesentee umgerührt werden. Man trinkt sich durch die nur leicht warme Sahneschicht zum herben heißen Tee, der mit jedem Schluck näher am Kluntje süßer wird. Und weil Ostfriesen ihren Tee gerne mit Freunden und Gästen trinken, laden sie herzlich ein und schenken ein und ein und ein …

ZEITREISE

ca. 3000 v. Chr.
Beginn der Teekultivierung in China.

552 n. Chr.
Buddhistische Mönche bringen den Tee
nach Japan.

900 n. Chr.
Arabische Seidenhändler berichten in
Europa von einer chinesischen Pflanze, aus
der man ein Getränk machen kann.

1285
Marco Polo erwähnt die „Teesteuer".

1559
Der Italiener Giovanni Battista Ramusio
beschreibt Anbau, Zubereitung und
Wirkung von Tee.

1610
Mit der Holländischen Ostindien-Kompanie
gelangt der erste Tee auf Segelschiffen aus
Asien über Amsterdam nach Europa.

1618
Der erste Tee aus China gelangt
über den Karawanen-Handelsweg zum
russischen Zaren.

Mitte 17. Jhdt.
Der erste Tee kommt über Holland nach
Deutschland. Zu den wichtigsten hollän-
dischen Handelspartnern gehörten die
Ostfriesen.

1699
Die Britische Ostindien-Kompanie, die das
China-Monopol innehat, übernimmt den
Teehandel über das Meer.

16. Dezember 1773
Boston Tea Party. Bürger aus dem amerikanischen Boston entern drei im Hafen
liegende englische Handelsschiffe und
werfen die gesamte Teeladung über Bord,
um gegen den englischen Teezoll und die
britische Kolonialpolitik zu protestieren.

1775

Das englische Parlament erklärt
die Nordamerikaner zu Rebellen und
verfügt die „Intolerable Acts", Gesetze
die die Freiheiten der 13 nordamerikani-
schen Kolonien stark einschränken und
auch die Schließung des Bostoner
Hafens beinhalten.

1823

In Indien entdeckt ein Brite einhei-
mische Teepflanzen. Nur wenige Jahre
später beginnt der Teeanbau im
größeren Stil. Das Teehaus Ronnefeldt
wird in Frankfurt gegründet.

Mitte 19. Jhdt.
Das China-Monopol der Briten endet.
Andere Nationen steigen in den Teehandel
übers Meer ein. Vor allem die Amerikaner
machen den Briten nun Konkurrenz. Jn
die Reisedauer von teilweise mehr als
einem Jahr über die Route um das Kap der
Guten Hoffnung zu verkürzen, setzen

die Briten schnellere Segelschiffe mit
großer Ladekapazität ein. Diese Teeclipper
brauchen nur noch um die 100 Tage, um
den Seeweg zu schaffen.

1869

Der Suezkanal wird eröffnet, die Seewege
werden kürzer. Dampfschiffe ersetzen
die Teeclipper.

2. Hälfte 19. Jhdt.
Ein Kaffeerostpilz vernichtet die großen
Kaffeeplantagen Ceylons. Der bis dahin
kleine Teeanbau im heutigen Sri Lanka
wird vorangetrieben.

Anfang 20. Jhdt.
Der kommerzielle Teeanbau in
Südafrika beginnt.

Romanze in Tee

„Waren Sie schon einmal im Himalaya?", fragte er und nippte an seinem Darjeeling.
„Sehr oft", lächelte sie.

„Köstlich, dieser Tee." Er schloss für einen Moment die Augen und spürte dem Geschmack nach.
„Was tun Sie so oft im Himalaya? Erklimmen Sie Berge?"

Sie lachte auf. „Ich mag eher den Boden, die gute Luft. Ich bin gerne auf Reisen. Darf ich?"
Er nickte. Sie gab ein wenig feinen weißen Kandis in seine Tasse und freute sich am Glanz
der Kristallsplitter, die vom hellen Tassengrund heraufschimmerten. „Ich bin fast immer unter-
wegs. Sehr gerne in Asien, in China und Japan vor allem, hin und wieder auf Sri Lanka, auch in
Afrika oder in Südamerika."
„Und überall trinken Sie Tee?"
Ihr Lächeln spazierte in seine Augen. „Ja."

Er trank den Darjeeling in genussvollen Schlucken und freute sich an der anmutigen Art, in der
sie die kleine Porzellankanne hielt, um ihre Tasse zu füllen. Der Tee sprang in einem hellen
goldgelben Bogen heraus und schickte sein Aroma leicht und fein in seine Nase. „Mmh, riecht
sehr gut. Sie trinken eine andere Sorte?"
„Möchten Sie ihn einmal probieren?"

„Sehr gerne", antwortete er und hielt ihr die eben geleerte Tasse hin.

Sie goss ihm ein und stellte die Teekanne ab. „Es blitzt ein Tropfen Morgentau im Strahl des Sonnenlichts; ein Tag kann eine Perle sein und ein Jahrhundert nichts. Sie kennen Gottfried Keller?", fragte sie fröhlich.

„Trink, o Augen, was die Wimpern hält, von dem goldnen Überfluss der Welt", lachte er, „ja, ich kenne ihn."

„Sein Abendlied, nicht wahr?"

Er nickte und kostete den Tee. „Wunderbar. Diese leicht fruchtige Frische. Man kennt sich nicht aus. Ich trinke selten Tee. Die Zeit."

„Tee ist Zeit", antwortete sie, und wieder zog ihr Lächeln warm in seine Augen hinein.

„Nun, man findet nicht immer Gelegenheit. Zu welchen Anlässen trinken Sie Tee?"

Sie schüttelte kaum merklich den Kopf und ihre Augen wanderten zu seinem Bedauern über seine Stirn hinaus. „Ich trinke Tee, wenn der Tag beginnt, die Stunden eilen oder der Abend zur Nacht hin geht, wenn ich alleine bin, mit Freunden und netten Fremden, wenn ich mich glücklich fühle und wenn mich das Traurige fängt. Wenn es etwas zu feiern gibt, ein anderes zu bedenken, vielleicht auch zu beklagen, wenn ich arbeite und wenn ich meine Ruhe will, mich das Schweigen lockt oder die Lust mich verführt zum Gespräch. Wenn ich genießen mag, nur ihn alleine, und auch zu Naschwerk und zu Speisen, wenn ich zu Hause bin wie überall. Bei Sonnenschein und Regenfall. Bei Eis und Schnee. Tee."

„Ich verstehe", sagte er und berauschte sich an ihrem verträumten Blick. „Man kann die Zeit jederzeit zur Ruhe kommen lassen?"

„Die Ruhe ist immer da."

„Mit Tee?"

„Auch, und ja! Vor allem mit Tee. Entschuldigen Sie mich bitte kurz? Ich stelle nur frisches Teewasser auf."

Er beobachtete, wie sie den Wasserkocher füllte, und dann, als würde sie nach kleinen Schätzen suchen, ihre Teedosen umeinander schob. „Kommen Sie doch einmal zu mir", nickte sie ihm zu, „ich will Ihnen zeigen, wie ich verreise."

Er stellte sich so dicht hinter sie, dass er sie eben nicht berührte. Seine Augen folgten ihrer Hand mit den schlanken Fingern, die munter von Dose zu Dose sprangen, während sie ihm vom Tee und seinen Ländern erzählte. Schließlich nahm sie eine der Dosen, öffnete sie und hielt sie über ihre Schulter hinweg vor sein Gesicht.

Er konnte nicht sagen, ob es das Aroma des Tees war, ein Hauch von Jasmin, oder der Duft dieser Frau, verlockend wie eine neu entdeckte Blüte, vielleicht eine Mischung aus beiden. Plötzlich wünschte er nichts mehr, als dass sie ihn bitten würde, zu bleiben.

Sie verschloss die eben geöffnete Dose sorgfältig und schob sie zurück zwischen die anderen. Ihr Blick wanderte kurz zum Fenster, als könnte sie die Klänge sehen, die von nahen Kirchenglocken herüber schallten.

„Es wäre schön, wenn Sie blieben", sagte sie und drehte sich zu ihm um, „zu schade ..." Dieses Mal fiel ihr Lächeln tief in sein Herz hinein. „Unser Teehaus schließt um sieben."

IMPRESSUM

© 2013 Neuer Umschau Buchverlag GmbH, Neustadt an der Weinstraße

Alle Rechte der Verbreitung in deutscher Sprache, auch durch Film, Funk, Fernsehen, fotome-
chanische Wiedergabe, Tonträger jeder Art, auszugsweisen Nachdruck oder Einspeicherung
und Rückgewinnung in Datenverarbeitungsanlagen aller Art, sind vorbehalten.

Alle Angaben und Ratschläge in diesem Buch sind von Autorin und Verlag sorgfältig recher-
chiert und geprüft, dennoch kann eine Garantie nicht übernommen werden. Eine Haftung für
Personen-, Sach- und Vermögensschäden ist ausgeschlossen.

Texte: Sigrid Krekel, Wetzlar

Fotografie: Lutz Jäkel, Hamburg (www.lutz-jaekel.com)
Außer auf den Seiten 10, 11, 123 (Bartosz Hadyniak, istockphoto); 20, 21 (David Franklin,
istockphoto); 17, 23, 24, 28, 29, 35, 41, 42, 66, 78, (Marc Wuchner, Frankfurt am Main);
111, 113 (Julia Hoersch, Hamburg); 119, (Erickson, plainpicture); 121 (Michael Hitoshi, getty-
images); 129 (Roiboos for Life); 133 (Teehaus Ronnefeldt)

Lektorat: Ilka Grunenberg, Neustadt an der Weinstraße
Redaktionelle Fachberatung: Dr. Thomas Hauer sowie Jan-Berend Holzapfel,
Bernhard-Maria Lotz, Sandra Nikolei und Jutta Tarlan
Gestaltung, Satz und Herstellung: Tina Defaux, Neustadt an der Weinstraße
Reproduktion: posi.tiff media GmbH, Gerda Günther, Gelnhausen
Druck: Finidr, s.r.o. Cesky Tesin, Tschech. Rep.
Printed in Czech Republic
ISBN: 978-3-86528-771-7

Wir bedanken uns für die Unterstüzung bei den Hotels Hessischer Hof, Innside Eurotheum,
Jumeirah sowie beim Ronnefeldt Brandshop MyZeil (alle Frankfurt am Main)

Besuchen Sie uns im Internet: www.umschau-buchverlag.de